©   ZS Verlag
München
1. Auflage 2015
ISBN 978-3-89883-495-7

Grafische Gestaltung	Georg Feigl, Jürgen Endriß (Netzwerk GbR)
Foodfotografie	Eising Studio	Food Photo & Video – Susanne Eising
Foodstyling	Eising Studio	Food Photo & Video – Michael Koch
Porträtfotos	Stefan Braun
Rezeptküche	Monika Reiter, Gerlinde Hans
Redaktion	Eva-Maria Hege, Alexandra Gudzent
redaktionelle Mitarbeit	Kathrin Gritschneder
Vorwort und Texte	Rudolf Bögel
Herstellung/Lithografie	Jan Russok, Peter Karg-Cordes
Druck & Bindung	Mohn Media Mohndruck GmbH, Gütersloh

 Beim Druck dieses Buchs wurde durch den innovativen Einsatz der Kraft-Wärme-Kopplung im Vergleich zum herkömmlichen Energieeinsatz bis zu 52% weniger CO_2 emittiert.

In Zusammenarbeit mit dem Bayerischen Fernsehen
mit Lizenz durch die BRW-Service GmbH

Besuchen Sie uns auch im Internet unter www.zsverlag.de und
auf Facebook unter www.facebook.com/zsverlag

Alfons Schuhbeck

Bayerisch
al dente

Meine Küche
mit italienischem Biss

INHALT

GENIESSEN AUF BAYERISCH-ITALIENISCH

Wir Bayern und die Italiener haben uns ja schon immer gut verstanden. Angefangen hat das – wie so oft – mit den schönen Dingen. Der Kurfürst Ferdinand Maria wurde in Turin mit seiner Adelheid verheiratet, dafür hat sie den Barock nach Bayern gebracht – ja und der König Ludwig I. hat glei die ganze Feldherrnhalle in Florenz abkupfern lassen.

So sind halt dann die italienischen Baumeister über den Brenner nach München raufgefahren, genauso wie die Eismacher, die Pizzabäcker, die Köche und ganz später dann auch die vielen italienischen Oktoberfestbesucher.

Und mia Deutschen sind ja schon immer gern nach Italien gebrettert. Der Johann Wolfgang von Goethe mit der Kutsche, wir Bayern als junge Burschen zum Surfen an den Gardasee, die Alternativen zur Olivenernte in die Toskana und ganz später ist ja ein Bayer runter nach Rom, um da Papst zu werden.

Dass sich die Bayern und die Italiener mögen, ist ja koa Wunder: Wir haben ja auch einiges gemeinsam. Des fängt bei der Sprache scho an. Der bayerische Bazi zum Beispiel ist auf die italienischen Baci (Busserl) scharf. Der Italiener lebt gerne draußen auf der Piazza, wir Bayern sitzen am liebsten bei schönem Wetter im Biergarten – und in beiden Ländern schmeckt es bei der Mama am besten. Mamma mia!

Nur beim Reden sind wir a bisserl unterschiedlich. Während der Italiener mit Händ und Füß spricht, ist der Bayer eher wortkarg. Aber wenn es ums Essen geht, dann verliert der Bayer übers Kochen genauso viele Worte wie der Italiener: wann man wie, was am besten kocht! Wo es die richtigen Zutaten, die besten Spaghetti oder den gschmackigsten Schweinebraten gibt. Man sieht: Südlich und nördlich vom Brenner gibt es keine Italiener und Bayern, sondern bayerische Italiener oder italienische Bayern, auf alle Fälle echte Genießer.

Und genau für die hab ich jetzt eine neue Küche erfunden. Bayerisch al dente, bayerische Rezepte mit italienischem Biss. Obazda? Klaro, aber ganz mediterran als Obazdn „O sole mio"! Tiramisu? Haben wir auch im Angebot. Aber nur ein Weißbieramisu! Bei uns gibt's an strammen „Massimo" statt einen strammen Max und bei den Rohrnudeln „Stromboli" geht der Rauch auf so wie beim Scheiterhaufen „Inferno".

Außen Schuhbeck, innen al dente, oder andersherum. Das ist meine bayerisch-italienische Küche. Sonnig, charmant-elegant, cool und lässig – aber immer bodenständig. So wie einer der ersten echten bayerischen Italiener: der Monaco Franze, ein bayerischer Bazi mit italienischem Biss. Und jetzt wünsche ich allen bayerischen Italienern, allen italienischen Bayern und allen Monaco Franzes an guadn Appetito

Euer Alfons Schuhbecko

Vorspeisen, Brotzeit & Salate

OBAZDA „O SOLE MIO" MIT GRISSINI UND RADIESERLSALAT

Zutaten für 4 Personen

Für die Grissini (ca. 35 Stück):

10 g frische Hefe
40 ml kalte Milch
½ TL Salz (3 g) · 125 g Mehl
1 EL weiche Butter
Fleur de Sel zum Bestreuen

Für den Obazdn:

300 g reifer Camembert
oder Brie
70 g Gorgonzola
150 g Frischkäse
(Doppelrahmstufe)
3–4 EL Sahne
½ TL abgeriebene unbehandelte
Zitronenschale
1–2 TL Limoncello
(ital. Zitronenlikör)
mildes Chilisalz

Für den Radieserlsalat:

1 Bund Radieschen
mildes Chilisalz
1–2 TL Zitronensaft
1–2 TL Öl · Zucker
1 EL Schnittlauchröllchen

Außerdem:

einige Salatblätter (Babyleaves)
zum Garnieren
Mehl für die Arbeitsfläche

1 Für die Grissini die Hefe in eine Schüssel bröckeln und mit 30 ml kaltem Wasser glatt rühren. Anschließend kalte Milch, Salz, Mehl und weiche Butter dazugeben und alles etwa 15 Minuten zu einem glatten Teig verkneten. Den Hefeteig zugedeckt an einem warmen Ort mindestens 30 Minuten gehen lassen.

2 Den Teig auf der leicht bemehlten Arbeitsfläche zu einem Rechteck (etwa 20 x 40 cm) dünn ausrollen und auf ein mit Backpapier belegtes Tablett legen. Die Teigplatte etwa 30 Minuten tiefkühlen, bis sie fest ist.

3 Die Hefeteigplatte aus dem Tiefkühlfach nehmen und in etwa 1 cm breite Streifen schneiden, dazu ggf. kurz antauen lassen. Die Teigstreifen nebeneinander auf ein mit Backpapier belegtes Backblech legen und zugedeckt noch 10 Minuten gehen lassen. Inzwischen den Backofen auf 180 °C vorheizen.

4 Dann die Teigstreifen mit etwas Wasser bestreichen und mit Fleur de Sel und nach Belieben mit Sesam- oder Kümmelsamen bestreuen. Die Grissini im Ofen auf der mittleren Schiene etwa 12 Minuten backen. Dabei eine Schale mit Wasser unten in den Ofen stellen oder den Backofenraum vor dem Backen mit Wasser einsprühen. Die Grissini aus dem Ofen nehmen und abkühlen lassen.

5 Für den Obazdn Camembert oder Brie und Gorgonzola klein schneiden oder mit einer Gabel zerdrücken. Dann mit Frischkäse und Sahne cremig verrühren. Zuletzt Zitronenschale und Limoncello untermischen und den Obazdn mit Chilisalz würzen.

6 Für den Radieserlsalat die Radieschen putzen, waschen und in Spalten schneiden. In einer Schüssel mit Chilisalz, Zitronensaft, Öl und 1 Prise Zucker marinieren und den Schnittlauch untermischen.

7 Zum Servieren den Obazdn in kleine Gläser verteilen und jeweils etwas Radieserlsalat daraufgeben. Die Salatblätter waschen, trocken tupfen und danebensetzen, nach Belieben mit Zitronensaft, Olivenöl und Chilisalz marinieren. Die Grissini dazu reichen.

STRAMMER „MASSIMO" MIT SCHINKEN UND WACHTELEI

Zutaten für 4 Personen

Für die Brote:

1 Steinpilz · 300 g Bratwurstbrät
5–6 EL Sahne
1–2 EL Petersilienblätter
(frisch geschnitten)
je 1 Msp. abgeriebene unbehandelte Zitronenschale,
gemahlene Fenchel- und
Anissamen
8 dünne Scheiben Bauernbrot
(18–20 cm lang; ca. ½ cm dick)

Für den Belag:

1 TL braune Butter
(siehe Tipp S. 46)
Salz · 4 Wachteleier
milde Chiliflocken
100 g grüne Spargelspitzen
je ¼ grüner und gelber
Zucchino · 1 EL mildes Olivenöl
mildes Chilisalz
4 Cocktailtomaten
8 eingelegte Perlzwiebeln
80 g Senfgurken
4 dünne Scheiben Kochschinken

Für den Kräuterjoghurt:

200 g griech. Joghurt (10 %
Fett) · ½–1 TL Dijon-Senf
2 EL gemischte Kräuter
(z. B. Basilikum, Dill, Estragon,
Kerbel, Schnittlauch und
Staudenselerieblätter;
frisch geschnitten)
mildes Chilisalz
1 Msp. abgeriebene unbe-
handelte Zitronenschale

1 Für die Brote den Steinpilz putzen, trocken abreiben und in etwa ½ cm große Würfel schneiden. Das Bratwurstbrät mit der Sahne glatt rühren, Steinpilzwürfel, Petersilie und Zitronenschale dazugeben und alles mit Fenchel und Anis würzen.

2 Die Hälfte der Brotscheiben gleichmäßig etwa 1 cm dick mit der Brätmasse bestreichen, mit einer zweiten Brotscheibe belegen und leicht andrücken. Die gefüllten Brotscheiben in einer Grillpfanne ohne Fett auf beiden Seiten goldbraun anbraten. Dann herausnehmen.

3 Für den Belag eine Pfanne bei milder Temperatur erhitzen und die braune Butter mit einem Pinsel darin verstreichen, etwas salzen. Die Wachteleier mit einem Sägemesser anritzen, in die Pfanne schlagen und 2 bis 3 Minuten stocken lassen. Mit einigen Chiliflocken bestreuen.

4 Die Spargelspitzen waschen und trocken tupfen. Zucchini putzen, waschen und in Scheiben schneiden. Spargelspitzen und Zucchini in einer Grillpfanne ohne Fett auf beiden Seiten braten. Dann aus der Pfanne nehmen, mit dem Olivenöl bestreichen und mit etwas Chilisalz würzen. Die Tomaten waschen und halbieren, die Perlzwiebeln und die Senfgurken abtropfen lassen.

5 Für den Kräuterjoghurt den Joghurt mit dem Senf glatt rühren. Die Kräuter untermischen und den Dip zuletzt mit 1 Prise Chilisalz und Zitronenschale abschmecken.

6 Zum Servieren die Brotscheiben auf vorgewärmte Teller legen. Jeweils eine Brothälfte mit Zucchini, Spargel, Tomaten, Perlzwiebeln und Senfgurken belegen, die andere mit Schinkenscheiben und Wachtelspiegeleiern. Nach Belieben mit Kräutern garnieren. Den Kräuterjoghurt dazu reichen.

Mein Tipp

Nach Belieben können Sie statt der Perlzwiebeln Mini-Mozzarella-Kugeln verwenden. Der Steinpilz lässt sich durch Champignons oder Egerlinge ersetzen, besonders fein ist gehobelter Trüffel auf den Broten.

TRAMEZZINI MIT RÄUCHERFORELLE UND KREN

gut!

1 Den Frischkäse mit Milch und Meerrettich glatt rühren und die Schnittlauchröllchen untermischen. Den Apfel waschen und vierteln, das Kerngehäuse entfernen und die Viertel in etwa ½ cm große Würfel schneiden. Die Apfelwürfel ebenfalls unter den Frischkäse rühren. Den Frischkäseaufstrich mit Salz, Räucherpaprika, Pfeffer, 1 Prise Zucker und Zitronensaft kräftig würzen.

2 Räucherforellenfilets ggf. entgräten und mit der Gabel in kleine Stücke zupfen. Die Erbsen in Salzwasser etwa 2 Minuten garen. Anschließend in ein Sieb abgießen, kalt abschrecken und abtropfen lassen.

3 Alle Tramezzini-Scheiben gleichmäßig mit dem Frischkäseaufstrich bestreichen. Die Räucherforellenstücke und die Erbsen auf 2 Brotscheiben verteilen und je 1 Brotscheibe darauflegen (dabei soll die bestrichene Seite nach unten zeigen).

4 Die Tramezzini fest andrücken und zugedeckt im Kühlschrank mehrere Stunden durchkühlen lassen. Zum Servieren erst quer in 4 Quadrate halbieren, dann diese jeweils diagonal durchschneiden, sodass 8 Dreiecke entstehen.

Zutaten für 4 Personen

400 g Frischkäse (Doppelrahmstufe) · 1–2 EL Milch
50 g Tafelmeerrettich
(aus dem Glas)
2 EL Schnittlauchröllchen
1 kleiner rotbackiger Apfel
Salz
¼ TL Msp. Räucherpaprika
(Piment de la Vera picante)
Pfeffer aus der Mühle · Zucker
einige Tropfen Zitronensaft
125 g Räucherforellenfilets
(ca. 2 Stück)
70 g tiefgekühlte Erbsen
4 Scheiben Tramezzini-Brot
(ca. 12 x 24 cm)

Mein Tipp

Die Tramezzini können Sie ausgezeichnet bereits einen Tag im Voraus zubereiten. Nach dem Durchziehen im Kühlschrank schmecken die Dreiecksandwiche dann noch besser.
Nach Belieben anstatt der Forellenfilets dünne Räucherlachsscheiben verwenden. Das Räucherpaprikapulver verstärkt den feinen Räuchergeschmack der Fischfilets und verleiht dem Aufstrich zusätzlich noch etwas Schärfe. Räucherpaprika oder „Piment de la Vera picante" ist eine Spezialität aus Spanien. Während des Trocknungsprozesses werden die Schoten täglich gewendet, bis sie die richtige Farbe und den idealen Trocknungsgrad erreicht haben. Anschließend räuchert man sie über Eichenholz bis zum gewünschten Räuchergrad und lässt sie dann noch vollständig durchtrocknen.

VITELLO TONNATO MIT SCHWAMMERL-FELDSALAT

Zutaten für 4 Personen

Für das Vitello tonnato:

600 g Kalbstafelspitz · 1 TL Öl
100 g griech. Joghurt
(10 % Fett)
4 EL lauwarme Gemüsebrühe
100 g Thunfisch (in Lake;
gut abgetropft)
2 Msp. scharfer Senf
1 Spritzer Zitronensaft
2 TL Kapern
4 eingelegte Sardellenfilets
Salz · Pfeffer aus der Mühle
mildes Chilipulver · Zucker
¼ TL abgeriebene unbehandelte
Zitronenschale

Für den Schwammerl-Feldsalat:

2 Handvoll Feldsalat
1 Handvoll feste, geschlossene
Champignons
½ Stange Staudensellerie (mit
1 EL Staudensellerieblättern)
1 TL Zitronensaft
1 TL mildes Olivenöl
mildes Chilisalz · Zucker

Außerdem:

12 Kapernäpfel und einige
Kräuterblätter (oder kleine
Salatblätter) zum Garnieren

1 Für das Vitello tonnato den Backofen auf 100 °C vorheizen, auf die mittlere Schiene ein Ofengitter und darunter ein Abtropfblech schieben. Den Kalbstafelspitz, falls nötig, von Fett und Sehnen befreien.

2 Eine Pfanne bei mittlerer Temperatur erhitzen und das Öl mit einem Pinsel auf dem Pfannenboden verstreichen. Das Fleisch darin rundum anbraten, dann auf das Ofengitter setzen und im Ofen 1 bis 1 ¼ Stunden rosa garen. Herausnehmen und lauwarm abkühlen lassen.

3 Inzwischen den Joghurt mit Brühe, Thunfisch, Senf, Zitronensaft, Kapern und Sardellen in einen hohen Rührbecher geben. Mit Salz, Pfeffer, je 1 Prise Chilipulver und Zucker würzen und alles mit dem Stabmixer zu einer sämigen Sauce pürieren. Die Zitronenschale hinzufügen und die Sauce ggf. nachwürzen.

4 Für den Salat den Feldsalat verlesen, gründlich waschen und trocken schleudern. Die Champignons putzen, trocken abreiben und in Scheiben hobeln oder schneiden. Den Staudensellerie putzen, waschen und in dünne Scheiben schneiden, dabei die Blätter ebenfalls waschen und trocken tupfen. Die Selleriescheiben mit Selleriegrün, Champignons und Feldsalat locker in einer Schüssel mischen. Mit Zitronensaft, Olivenöl, Chilisalz und 1 Prise Zucker marinieren.

5 Zum Servieren die Thunfischsauce mittig auf Teller verteilen. Den Kalbstafelspitz quer zur Faser in dünne Scheiben schneiden und leicht überlappend auf die Sauce legen, dann mit Salz und Pfeffer würzen. Den Schwammerl-Feldsalat daraufsetzen und das Vitello tonnato mit Kapernäpfeln und Kräutern garnieren.

Mein Tipp

Ein Kalbstafelspitz ist ideal für Vitello tonnato geeignet. Beim Aufschneiden des gegarten Fleischstücks unbedingt darauf achten, dass man gegen die Faser schneidet. Nur so kommt die zarte Konsistenz des Kalbfleischs optimal zur Geltung.

SPARGEL TRICOLORE MIT ALM-BUTTERMILCHSCHAUM

Zutaten für 4 Personen

Für den Spargel:

8 Stangen weißer Spargel
4 dicke Stangen grüner Spargel
Salz · 80 ml Gemüsebrühe
1 EL Balsamico bianco
1 EL mildes Olivenöl
mildes Chilisalz · Zucker

Für den Buttermilchschaum:

75 g Buttermilch
40 g saure Sahne
30 g Crème fraîche
2 EL mildes Olivenöl
mildes Chilisalz · Zucker
einige Tropfen Zitronensaft

Außerdem:

¼ rote Zwiebel · 4 Tomaten
Salz · Pfeffer aus der Mühle
2 EL mildes Olivenöl
einige Basilikumblätter zum
Garnieren

1 Für den Spargel ggf. den Dampfgarer auf 80 °C vorheizen. Beide Spargelsorten waschen. Die weißen Spargelstangen ganz, die grünen nur im unteren Drittel schälen, die holzigen Enden entfernen. Den Spargel im Dampfgarer oder im Topf mit Dämpfaufsatz über Salzwasser 8 bis 10 Minuten dämpfen, er soll noch leicht bissfest sein.

2 Die Brühe in einer kleinen Schüssel mit Essig und Olivenöl verrühren. Die Marinade mit Chilisalz und 1 Prise Zucker herzhaft abschmecken. Die gedämpften Spargelstangen darin einlegen und mindestens 30 Minuten ziehen lassen.

3 Inzwischen die Zwiebel schälen und in feine Würfel schneiden. Die Tomaten waschen und in dünne Scheiben schneiden, dabei die Stielansätze entfernen.

4 Für den Buttermilchschaum Buttermilch, saure Sahne und Crème fraîche in einem hohen Rührbecher mischen und das Olivenöl mit dem Stabmixer unterrühren. Den Schaum mit je 1 Prise Chilisalz und Zucker sowie mit einigen Tropfen Zitronensaft abschmecken.

5 Zum Servieren die Tomatenscheiben leicht überlappend auf flache Teller legen und mit Salz und Pfeffer würzen. Mit den Zwiebelwürfeln bestreuen und mit Olivenöl beträufeln. Je 2 weiße Spargelstangen und 1 grüne Spargelstange daraufsetzen und mit etwas Marinade beträufeln. Den Buttermilchschaum nochmals mit dem Stabmixer aufschäumen und darum herumträufeln. Zuletzt alles mit Basilikum garnieren.

Mein Tipp

Nach Belieben können Sie noch einige Scheiben Prosciutto beziehungsweise Kochschinken zum Spargel tricolore servieren. Alternativ passt auch San-Daniele-Schinken oder Parmaschinken.

Sardischer Nudelsalat mit Wurzelgemüse

1 Die Schwarzwurzel unter fließendem Wasser gründlich bürsten, schälen und in Zitronenwasser einlegen, damit sie sich nicht dunkel verfärbt. Dafür die Wurzel in einem Gefäß mit Wasser bedecken und den Zitronensaft untermischen. Kurz vor dem Garen die Schwarzwurzel längs halbieren und schräg in etwa 5 cm lange Stücke schneiden.

2 Die Karotten und Petersilienwurzel putzen, schälen, erst quer halbieren und dann in lange, schmale Spalten schneiden. Knollensellerie schälen und in etwa 1 cm dicke und 5 cm lange Stangen schneiden.

3 Alle Wurzelgemüsesorten mit der Brühe in einen breiten Topf oder eine tiefe Pfanne geben und Knoblauch und Ingwer hinzufügen. Mit einem Blatt Backpapier bedecken und das Gemüse knapp unter dem Siedepunkt 8 bis 10 Minuten gerade weich garen.

4 Den Dünstsud in eine Schüssel abgießen, Essig und Olivenöl unterrühren und die Marinade mit Chilisalz und Zucker würzen. Das Wurzelgemüse darin mindestens 10 Minuten marinieren.

5 Inzwischen die Fregola in kochendem Salzwasser nach Packungsanweisung etwa 15 Minuten garen, in ein Sieb abgießen und abtropfen lassen. Sofort mit Liebstöckel und Schnittlauch unter das marinierte Wurzelgemüse mischen.

6 Zum Servieren den Fregola-Salat bei Bedarf noch etwas nachwürzen und auf kleinen Tellern oder in Schalen anrichten.

Zutaten für 4 Personen

1 dicke Schwarzwurzel
1 EL Zitronensaft
2 Karotten · 1 gelbe Karotte
1 Petersilienwurzel
100 g Knollensellerie
150 ml Gemüsebrühe
1 Knoblauchzehe (in Scheiben)
3 Scheiben Ingwer
2 EL Weißweinessig
2 EL mildes Olivenöl
mildes Chilisalz · ½ TL Zucker
120 g Fregola (ital. Röstnudeln; siehe Tipp)
Salz
3 Liebstöckelblätter (frisch geschnitten)
1–2 EL Schnittlauchröllchen

Mein Tipp

Fregola ist eine sardische Pastasorte. Es sind Nudeln in Kugelform, die in der klassischen Herstellung durch eine kreisförmige Handbewegung in einem Knetkorb entstehen. Anschließend werden die Kügelchen im Ofen geröstet, wodurch sie ihr typisches würziges Röstaroma erhalten. Fregola lassen sich äußerst vielseitig verwenden. Sie eignen sich für Salate ebenso gut wie als Beilage oder Suppeneinlage. Nach Belieben zum Fregola-Salat einen Kräuterjoghurt (siehe S. 12) servieren.

Figaros Brotzeit: BRUSCHETTA MIT LEBERWURST-RICOTTA-AUFSTRICH

Zutaten für 4 Personen

60 g feine Kalbsleber-
streichwurst
50 g Ricotta
1 EL schwarze Oliven
(ohne Stein)
1 eingelegtes Sardellenfilet
1 TL Kapern
¼ – ½ TL Mandellikör
(z. B. Amaretto)
mildes Chilisalz
4 Scheiben bayerisches Bauern-
brot oder 8 Scheiben
dunkles Baguette

1 Die Leberstreichwurst mit dem Ricotta in einer Schüssel gleichmäßig verrühren. Die Oliven in Würfel schneiden, das Sardellenfilet fein hacken. Oliven und Sardelle mit den Kapern unter die Ricotta-Leberwurst-Masse mischen. Zuletzt den Aufstrich mit Mandellikör und Chilisalz abschmecken.

2 Zum Servieren die Brotscheiben nach Belieben quer halbieren und den Aufstrich auf die Hälften verteilen, alternativ die Baguettescheiben bestreichen. Die Bruschetta nach Belieben mit Staudensellerie- und Basilikumblättern garnieren (im Bild links unten).

Für einen Schnittlauch-Ricotta-Aufstrich mit Radieserl und Speck:
50 g Frühstücksspeck (in Scheiben) in einer Pfanne ohne Fett bei mittlerer Hitze auf beiden Seiten kross braten. Auf Küchenpapier abtropfen lassen, etwas abkühlen lassen und klein hacken. 4 Radieschen putzen, waschen und in Streifen schneiden oder hobeln. 100 g Ricotta mit 2 EL griechischem Joghurt (10% Fett) und 1 EL Schnittlauchröllchen glatt rühren. Den Speck unter den Aufstrich rühren, mit 1 Spritzer Zitronensaft und mildem Chilisalz abschmecken. Den Aufstrich auf 8 Baguettescheiben streichen und mit den Radieschen bestreuen.

Brotzeit ist die schönste Zeit – auch für Figaro

Wenn wir in Bayern vor jemandem einen besonderen Respekt haben, dann sagen wir voller Anerkennung: „A Hund ist er schon!" Und so einer war auch der Figaro. Schon raffiniert, wie er im Barbier von Sevilla eine Hochzeit eingefädelt und dabei für sich persönlich auch noch a bisserl was abgestaubt hat. Wenn man heutzutage Figaro sagt, dann meint man meistens einen Friseur, also einen Hairdesigner. Und weil die zwischen zwei haarigen Haarschnitten oder der ein oder anderen Dauerwelle oft nur wenig Zeit haben, brauchen sie eine schnelle, kleine, aber feine Brotzeit. A italienisch-bayerische natürlich, weil der Figaro war ja der Star einer italienischen Oper und ich gebe meinen bayerischen Senf dazu. Wenn der Italiener Brotzeit macht, dann isst er eine Bruschetta – a belegte Weißbrotscheibe. Früher war das ein Armeleuteessen in Mittel- und Süditalien, da hat man einen halben Knoblauch auf der Brotscheibe verrieben und dann einfach Olivenöl drübergeträufelt.

Figaros Brotzeit: BRUSCHETTA MIT ARTISCHOCKEN UND WALNÜSSEN

Zutaten für 4 Personen

*1 gestr. EL Langkornreis
(oder 2 EL gekochter Reis)
Salz · 1 tiefgekühlter
Artischockenboden (ca. 50 g)
50 ml Gemüsebrühe
1 ½ Strauchtomaten
(oder 2 kleine Tomaten)
½ Schalotte
½ EL grüne Oliven (ohne Stein)
1 Frühlingszwiebel
1 EL Walnusskerne
1 TL Zitronensaft
1 Msp. abgeriebene unbe-
handelte Zitronenschale
1–2 TL mildes Olivenöl
½ fein geriebene Knoblauchzehe
1 Msp. fein geriebener Ingwer
mildes Chilisalz · Zucker
8 Ciabatta-Scheiben*

1 Den Reis in etwa ¼ l Salzwasser 15 bis 20 Minuten garen. In ein Sieb abgießen, abtropfen lassen und sofort weiter verarbeiten. (Falls der Reis nicht sofort verwendet wird, am besten mit einigen Tropfen Oliven-öl mischen.)

2 Den Artischockenboden antauen lassen und in etwa ½ cm große Würfel schneiden. Mit der Brühe in einen kleinen Topf geben, mit einem Blatt Backpapier bedecken und knapp unter dem Siedepunkt etwa 8 Minuten gerade weich garen. In ein Sieb abgießen und abtropfen lassen.

3 Die Tomaten waschen und vierteln, dabei Stielansätze und Kerne entfernen. Die Tomatenviertel in Würfel schneiden. Die Schalotte schälen und in feine Würfel schneiden. Die Oliven vierteln. Die Frühlingszwiebel putzen, waschen und schräg in dünne Ringe schneiden. Die Walnüsse grob hacken.

4 Die Artischocken- und Tomatenwürfel mit Schalotte, Oliven, Frühlingszwiebel, Reis und Walnüssen mischen. Alles mit Zitronensaft und -schale, Olivenöl, Knoblauch und Ingwer marinieren und mit Chilisalz und 1 Prise Zucker würzen.

5 Zum Servieren die Ciabatta-Scheiben in einer beschichteten Pfanne ohne Fett leicht rösten. Herausnehmen und die Artischocken-Tomaten-Mischung darauf verteilen. Die Bruschetta-Scheiben zum Servieren nach Belieben halbieren und mit Basilikumblättern garnieren (im Bild auf S. 19 Mitte).

Mein Tipp

Sobald Tomaten gewürzt werden, ziehen sie Saft. Hier saugen die gekochten Reiskörner die austretende Flüssigkeit auf, sodass die Bruschetta-Mischung beim Anrichten die Brotscheiben nicht sofort durchweicht. Trotzdem sollten Sie die Bruschetta immer erst kurz vor dem Servieren mit der Artischocken-Tomaten-Mischung belegen.

Figaros Brotzeit:
CALAMARI-SALAT

1 Für die Calamari den Kopf und die Arme der Calamari samt den Eingeweiden aus dem Körperbeutel ziehen. Dann mit den Fingern das durchsichtige Fischbein aus dem Körperbeutel ziehen. Den Kopf von den Tintenfischarmen abtrennen, dabei den harten „Schnabel" mit entfernen. Die hauchdünne Haut von den Beuteln (Tuben) abziehen. Die Tuben aufschneiden und die restlichen Eingeweide entfernen. Tuben und Arme gründlich unter kaltem Wasser waschen und trocken tupfen. Beides anschließend in 2 bis 3 cm breite Ringe schneiden, die Tentakel halbieren oder vierteln.

2 Für das marinierte Gemüse die Paprikaschoten halbieren, putzen und waschen. Die Paprikaviertel mit dem Sparschäler schälen und in Würfel oder feine Streifen schneiden. Mit der Brühe in einen kleinen Topf geben und Knoblauch und Ingwer hinzufügen. Alles mit einem Blatt Backpapier bedecken und knapp unter dem Siedepunkt etwa 8 Minuten garen. Dabei nach etwa 6 Minuten die Saubohnen hinzufügen. Anschließend alles in eine Schüssel füllen, mit Petersilie mischen und mit Essig, Olivenöl und Chilisalz marinieren.

3 Für die Calamari den Knoblauch schälen und in dünne Scheiben schneiden. Eine große Pfanne bei mittlerer Temperatur erhitzen, das Öl mit einem Pinsel darin verstreichen und die Calamari darin verteilen. Den Knoblauch dazugeben und alles etwa 1 Minute anbraten. Vom Herd nehmen, mit dem marinierten Gemüse mischen und alles mit Chilisalz und 1 Prise Zucker abschmecken.

4 Zum Servieren die Calamari auf kleinen Tellern anrichten und das marinierte Gemüse darüber verteilen. Dazu passt Weißbrot (im Bild auf S. 19 oben).

Zutaten für 4 Personen

Für die Calamari:
12 kleine Calamari (ca. 450 g)
2 Knoblauchzehen
1 TL Öl
mildes Chilisalz
Zucker

Für das marinierte Gemüse:
je ½ rote und gelbe Paprika-schote
70 ml Gemüsebrühe
je 1 Msp. fein geriebener Knoblauch und Ingwer
2 EL gepalte grüne Saubohnen
1–2 TL Petersilienblätter (frisch geschnitten)
1–2 TL Balsamico bianco
1 TL mildes Olivenöl
mildes Chilisalz

Mein Tipp

Wenn Sie noch Nudeln hinzufügen, wird aus dem Calamari-Salat im Handumdrehen ein feiner Partysalat. Dazu etwa 200 g kleine Nudeln, wie beispielsweise Gnocchi sardi, Penne, Makkaroni oder ähnliche Sorten, al dente kochen und noch warm unter den Salat mischen. In diesem Fall den Salat mit der doppelten Menge Essig und Öl marinieren.

Mamma mia: GEBEIZTER SAIBLING MIT ROSMARIN-POLENTA

Zutaten für 4 Personen

Für den Saibling:

je 1 TL schwarze Pfeffer-,
Koriander- und Senfkörner
sowie Fenchelsamen
1 EL Wacholderbeeren
je 1 EL Dillspitzen und
Petersilienblätter
je 1 EL unbehandelte Zitronen-
und Orangenschalenstreifen
60 g Zucker · 50 g Salz
2 Saiblingsfilets (à ca. 200 g)

Für die Rosmarin-Polenta:

je 100 ml Gemüsebrühe
und Milch
1 Streifen unbehandelte
Orangenschale
1 Knoblauchzehe (in Scheiben)
1 Zweig Rosmarin
mildes Chilisalz
50 g Instant-Polenta
1 EL geriebener Parmesan
1 Ei (Größe S)
1 EL flüssige braune Butter
(siehe Tipp S. 46)
Salz · Pfeffer aus der Mühle
frisch geriebene Muskatnuss
Öl für das Blech und
zum Braten

Für den Orangendip:

130 g griech. Joghurt
(10 % Fett) · 1 EL Orangensaft
½ TL abgeriebene unbehandelte
Orangenschale
mildes Chilisalz · Zucker
1 Spritzer mildes Olivenöl

1 Für den Saibling die Pfeffer-, Koriander- und Senfkörner sowie Fenchelsamen mit dem Wacholder in einer Pfanne bei mittlerer Hitze ohne Fett leicht anrösten. Herausnehmen, in den Mörser geben und darin grob zerstoßen. Dillspitzen und Petersilienblätter waschen und trocken schütteln. Dann mit Zitronen- und Orangenschale klein schneiden und mit den gerösteten Gewürzen, Zucker und Salz mischen.

2 Die Saiblingsfilets waschen und trocken tupfen. Die Hälfte der Salzmischung in eine rechteckige Porzellan- oder Glasform geben. Die Fischfilets darauflegen und mit der übrigen Salzmischung bedecken, sodass sie rundum unter Salz liegen.

3 Dicke Saiblingsfilets zugedeckt im Kühlschrank 2 ½ Stunden ziehen lassen, dünne Filets 1 ½ Stunden. Zum Servieren die Marinade entfernen, die Filets waschen und trocken tupfen, dann schräg in 8 Stücke (à 3 bis 4 cm) schneiden.

4 Für die Rosmarin-Polenta die Brühe mit der Milch in einen Topf geben, Orangenschale, Knoblauch, Rosmarin und etwas Chilisalz hinzufügen und alles aufkochen. Die Instant-Polenta einrühren und unter ständigem Rühren knapp unter dem Siedepunkt 10 bis 15 Minuten ziehen lassen, bis ein dicker Brei entstanden ist. Die Polenta-Masse vom Herd nehmen und Parmesan, Ei und braune Butter unterrühren. Mit Salz, Pfeffer und Muskatnuss abschmecken.

5 Eine Auflaufform oder ein kleines Tablett mit Öl einfetten und mit Backpapier belegen. Die Polenta-Masse daraufgeben, etwa 1 cm hoch glatt verstreichen und im Kühlschrank 2 Stunden abkühlen lassen, dabei nicht zudecken.

6 Anschließend die Polenta in 4 cm große Quadrate schneiden oder runde Taler ausstechen und in einer Pfanne in etwas Öl bei mittlerer Hitze auf beiden Seiten goldbraun anbraten. Herausnehmen und auf Küchenpapier abtropfen lassen.

7 Für den Orangendip den Joghurt mit Orangensaft und -schale verrühren und mit Chilisalz und 1 Prise Zucker würzen. Zuletzt das Olivenöl dazugeben.

8 Zum Servieren je 2 Saiblingsfiletstücke auf länglichen Vorspeisentellern anrichten. Jeweils einige Polenta-Taler dazulegen und alles mit dem Orangendip beträufeln. Nach Belieben einen kleinen Kräutersalat dazu servieren.

Mamma mia: RINDERTATAR MIT KARTOFFEL-RUCOLA-SAUCE

Zutaten für 4 Personen

Für das Rindertatar:

90 g Essiggurken
25 g eingelegte Sardellenfilets
25 g Kapern · 50 ml Öl
1 ½ EL Dijon-Senf
150 g Tomatenketchup
mildes Chilisalz
1 Msp. abgeriebene unbe-
handelte Zitronenschale
500 g mageres Rindfleisch
(aus der Oberschale;
frisch durchgedreht)
Salz · Pfeffer aus der Mühle

Für die Kartoffel-Rucola-Sauce:

50 g mehligkochende
Kartoffelwürfel
Salz · 30 g Rucola
150 ml Gemüsebrühe
50 g Sahne
¼ TL fein geriebener Knoblauch
2 EL braune Butter
(siehe Tipp S. 46)
mildes Chilisalz

Für die Risotto-Chips:

50 g Risottoreis
300 ml Gemüsebrühe
1 Prise Safranfäden
(ca. 10 Fäden)
1 Eiweiß

Außerdem:

8 kleine Steinpilze · ½ TL Öl
Salz · Pfeffer aus der Mühle

1 Für das Rindertatar Essiggurken und Sardellen klein schneiden. Mit Kapern und Öl mischen und mit dem Stabmixer pürieren. Senf und Ketchup unterrühren und die Marinade mit Chilisalz und Zitronenschale würzen. Zugedeckt kühl stellen. Zum Servieren das Rinderhackfleisch mit 4 EL Marinade verrühren und mit Salz, Zucker und Pfeffer würzen. (Restliche Marinade hält sich im Kühlschrank etwa 1 Woche.)

2 Für die Kartoffel-Rucola-Sauce die Kartoffelwürfel in Salzwasser kochen, in ein Sieb abgießen und abtropfen lassen. Den Rucola verlesen, waschen und trocken schleudern, klein schneiden und trockene Stiele entfernen. In einem Topf Brühe und Sahne erhitzen, Kartoffeln, Rucola und Knoblauch dazugeben und alles mit dem Stabmixer fein pürieren. Die braune Butter mit dem Stabmixer unterrühren und die Sauce mit Chilisalz abschmecken. Lauwarm abkühlen lassen.

3 Für die Risotto-Chips Reis und Brühe in einen Topf geben und den Safran hinzufügen. Mit einem Blatt Backpapier bedecken und alles knapp unter dem Siedepunkt etwa 25 Minuten garen, bis der Reis verkocht und die Flüssigkeit vollkommen aufgesogen ist. Vom Herd nehmen und etwa 10 Minuten abkühlen lassen. Dann das Eiweiß unterrühren und alles im Blitzhacker zu einer cremigen Masse pürieren.

4 Den Backofen auf 160 °C (Umluft) vorheizen. Ein Backblech mit einer Backmatte, am besten aus Silikon, belegen. Mit einem Esslöffel jeweils kleine Häufchen Risottomasse nebeneinander auf die Matte setzen und zu dünnen Kreisen oder länglichen Spitzen ausstreichen.

5 Die Chips im Ofen auf der mittleren Schiene 10 Minuten trocken backen. Aus dem Ofen nehmen, auf dem Blech wenden und noch 2 bis 3 Minuten backen. (Dabei auf Sicht backen, die gebackenen Reisblätter sollen trocken und leuchtend gelb sein.) Die Chips aus dem Ofen nehmen, abkühlen lassen und in Dosen luftdicht aufbewahren.

6 Die Pilze putzen, trocken abreiben und halbieren. Eine Pfanne bei mittlerer Temperatur erhitzen und das Öl mit einem Pinsel darin verstreichen. Die Pilze darin anbraten und mit Salz und Pfeffer würzen.

7 Zum Servieren jeweils einen Anrichtering (etwa 10 cm Durchmesser) auf einen Teller setzen und ein Viertel des Tatars hineinfüllen, dann glatt streichen und den Ring abziehen. Mit der Kartoffel-Rucola-Sauce beträufeln und mit Risotto-Chips und Pilzen garnieren.

WACHTELBRÜSTCHEN AUF STEINPILZEN

1   Die Wachtelbrüstchen waschen und trocken tupfen. Eine Pfanne bei mittlerer Temperatur erhitzen und das Öl mit einem Pinsel darin verstreichen. Das Fleisch darin auf der Hautseite 2 bis 3 Minuten goldbraun braten.

2   Die Wachtelbrüstchen wenden, die Pfanne vom Herd nehmen und das Fleisch in der Nachhitze der Pfanne rosa durchziehen lassen. Dann die braune Butter dazugeben und die Brüstchen mit Chilisalz würzen.

3   Für die Steinpilze die Pilze putzen, trocken abreiben und in etwa ½ cm dicke Scheiben schneiden. Die Frühlingszwiebel putzen, waschen und schräg in Ringe schneiden.

4   Eine Pfanne bei mittlerer Temperatur erhitzen und die braune Butter mit einem Pinsel darin verstreichen. Die Steinpilze darin kurz anbraten, die Frühlingszwiebel hinzufügen und noch etwas mitgaren. Mit 1 Prise Kümmel, Zitronenschale und Chilisalz würzen und zuletzt die Petersilie und die kalte Butter hinzufügen.

5   Zum Servieren die Steinpilze auf vorgewärmte Tellern verteilen und jeweils 2 Wachtelbrüstchen darauf anrichten. Dazu die Wachtelbrüstchen nach Belieben schräg halbieren.

Zutaten für 4 Personen

Für die Wachtelbrüstchen:
8 Wachtelbrüstchen
(à ca. 40 g; mit Haut)
½–1 TL Öl
1 EL braune Butter
(siehe Tipp S. 46)
mildes Chilisalz

Für die Steinpilze:
200 g Steinpilze
1 Frühlingszwiebel
1 TL braune Butter
gemahlener Kümmel
1 Msp. abgeriebene unbehandelte Zitronenschale
mildes Chilisalz
1 TL Petersilienblätter
(frisch geschnitten)
1 EL kalte Butter

Mein Tipp

Nach Belieben können Sie die Wachtelbrüstchen nach dem Braten statt mit mildem Chilisalz mit 1 Prise orientalischem Kaffeesalz würzen. Ersatzweise 100 g naturbelassenes Meer- oder Steinsalz mit 1 gestrichenen EL fein gemahlenem Kaffeepulver, je ¼ TL Vanille-, Zimtpulver und gemahlenem schwarzem Pfeffer sowie je 1 Prise gemahlenem Kardamom, Piment, gemahlenen Gewürznelken und frisch geriebener Muskatnuss mischen.

WURSTSALAT „MARCO POLO"

Zutaten für 4 Personen

Für den Wurstsalat:
4 Regensburger Würste (grob)
½ rote Zwiebel
120 g Radieschen
80 g Senfgurken
80 g kleine weiße Bohnen
(aus der Dose)
½ Apfel
1 Karotte (z. B. dunkle
Urkarotte oder gelbe Karotte)
80 g Zuckerschoten · Salz
80 g tiefgekühlte Erbsen
150 g grüner Spargel
¼ TL Puderzucker
3–4 EL Gemüsebrühe
mildes Chilisalz
50 g Pioppini-Pilze (ersatzweise ähnliche kleine Pilze)
½ TL Öl
150 g Mini-Mozzarella-Kugeln

Für die Marinade:
3 EL Apfelessig
Zucker · 2 EL Öl
mildes Chilisalz
Pfeffer aus der Mühle

Außerdem:
1 Kästchen Gartenkresse

1 Für den Wurstsalat die Regensburger häuten und in dünne Scheiben schneiden. Die Zwiebel schälen, vierteln und in feine Scheiben schneiden. Die Radieschen putzen, waschen und in Spalten schneiden. Die Senfgurken in ½ cm dicke Scheiben oder Stücke schneiden. Die Bohnen in ein Sieb abgießen, kalt abbrausen und abtropfen lassen.

2 Die Apfelhälfte waschen, halbieren und das Kerngehäuse entfernen, die Apfelviertel in 1 cm große Stücke schneiden. Die Karotte putzen, schälen und in Scheiben schneiden. Zuckerschoten putzen, waschen und schräg in 1 cm breite Stücke schneiden. Karotte in Salzwasser 5 bis 6 Minuten bissfest kochen. Nach 3 bis 4 Minuten Zuckerschoten und Erbsen hinzufügen. Gemüse in ein Sieb abgießen, kalt abschrecken und abtropfen lassen.

3 Den Spargel waschen, im unteren Drittel schälen und holzige Enden entfernen. Dann die Stangen schräg in etwa 1 ½ cm breite Scheiben schneiden. Eine Pfanne bei milder Temperatur erhitzen, die Spargelscheiben hineinsetzen, mit etwas Puderzucker bestäuben und wenige Minuten andünsten. Die Brühe dazugießen, ein Blatt Backpapier darauflegen und den Spargel knapp unter dem Siedepunkt 3 bis 4 Minuten bissfest garen. Mit Chilisalz würzen.

4 Die Pilze putzen und in einzelne kleine Pilze zerteilen. Eine Pfanne bei mittlerer Temperatur erhitzen und das Öl mit einem Pinsel darin verstreichen. Die Pilze etwa 2 Minuten anbraten, vom Herd nehmen und mit Chilisalz würzen. Alle Salatzutaten in eine große Schüssel geben. Die Mini-Mozzarella-Kugeln nach Belieben halbieren.

5 Für die Marinade Essig, 1 Prise Zucker, Öl, Chilisalz, Pfeffer und etwas Brühe vom Spargel mischen und die Salatzutaten damit marinieren. Zuletzt den Mozzarella unter den Salat heben und alles mit Pfeffer würzen. Die Kresse vom Beet schneiden und darüberstreuen.

6 Zum Servieren den Salat in tiefen Tellern oder Servierschalen anrichten. Dazu passt eine Brotauswahl oder Laugengebäck mit Butter und Schnittlauchröllchen.

FLEISCHPFLANZERL „GORGONZOLA" MIT BOHNENSALAT

Zutaten für 4 Personen

Für die Fleischpflanzerl:

80 g Toastbrot
100 ml Milch · ½ Zwiebel
1 Msp. fein geriebener Ingwer
2 Eier · 2 TL scharfer Senf
Salz · Pfeffer aus der Mühle
mildes Chilisalz
frisch geriebene Muskatnuss
abgeriebene Schale von ½ unbehandelten Zitrone
100 g zimmerwarmer
Gorgonzola
250 g Kalbshackfleisch
250 g Schweinehackfleisch
getrockneter Oregano
1 EL Petersilienblätter
(frisch geschnitten)
100 g Weißbrotbrösel zum
Panieren · Öl zum Braten

Für den Bohnensalat:

200 g grüne Bohnen · Salz
1 großer rotbackiger Apfel
50 ml Gemüsebrühe
1 TL Dijon-Senf
1 EL Zitronensaft
mildes Chilisalz
Pfeffer aus der Mühle · Zucker
2 EL mildes Olivenöl

1 Für die Fleischpflanzerl das Toastbrot in Würfel schneiden und in einer Schüssel in der Milch einweichen. Inzwischen die Zwiebel schälen, in sehr feine Würfel schneiden und in einer Pfanne mit 100 ml Wasser weich garen, bis die Flüssigkeit eingekocht ist. Anschließend den Ingwer hinzufügen.

2 Die Eier mit dem Senf, etwas Salz und Pfeffer, Chilisalz, 1 Prise Muskatnuss und Zitronenschale verquirlen. Den Gorgonzola mit einer Gabel zerdrücken. Beide Hackfleischsorten in einer Schüssel mit Gorgonzola, eingeweichten Brotwürfeln, verquirlten Eiern, gedünsteten Zwiebelwürfeln, 1 Prise Oregano und Petersilie mischen und zu einer gleichmäßigen Masse kneten.

3 Die Weißbrotbrösel auf einen Teller geben. Aus der Hackfleischmasse mit angefeuchteten Händen kleine Fleischpflanzerl formen, in den Weißbrotbröseln wenden und in einer Pfanne bei mittlerer Hitze im Öl auf beiden Seiten goldbraun braten. Herausnehmen und auf Küchenpapier abtropfen lassen, warm halten.

4 Für den Bohnensalat die Bohnen putzen, waschen und in 5 bis 6 cm lange Stücke schneiden. In stark gesalzenem Wasser 6 bis 8 Minuten gerade weich kochen. In ein Sieb abgießen, kalt abschrecken und abtropfen lassen. Inzwischen den Apfel waschen, von außen nach innen erst in 3 mm dicke Scheiben und dann in Stäbchen schneiden. Das Kerngehäuse entfernen.

5 Für die Marinade die Brühe mit Senf und Zitronensaft in einen hohen Rührbecher geben, mit Chilisalz, Pfeffer und 1 Prise Zucker würzen und das Olivenöl mit dem Stabmixer unterrühren. Nach Belieben nachwürzen. Die Bohnen- und Apfelstreifen damit marinieren und ggf. noch etwas nachwürzen.

6 Zum Servieren die Gorgonzola-Fleischpflanzerl auf vorgewärmte Teller verteilen und den Bohnensalat danebensetzen.

KALBSRÜCKEN „4 STAGIONI": KÜRBIS, KAPERN, ROSINEN UND GRANATAPFEL

1 Für den Kalbsrücken den Backofen auf 100 °C vorheizen. Auf die mittlere Schiene ein Ofengitter, darunter ein Abtropfblech schieben.

2 Das Öl in einer Pfanne erhitzen und den Kalbsrücken darin rundum anbraten. Auf das Ofengitter setzen und im Ofen auf der mittleren Schiene etwa 1 ½ Stunden rosa garen.

3 Inzwischen für die Vinaigrette die eingelegten Kürbisstücke abtropfen lassen und in kleine Würfel schneiden. In einer Schüssel mit Kürbiseinlegefond, Brühe, Rosinen, Knoblauch, Granatapfelkernen und Kapern verrühren. Alles mit Essig und Olivenöl mischen und die Vinaigrette mit Chilisalz, Pfeffer und Zucker würzen. Zum Servieren den Knoblauch wieder entfernen.

4 Den Kalbsrücken aus dem Ofen nehmen und noch lauwarm in dünne Scheiben schneiden. Die Kalbsrückenscheiben auf vorgewärmten Tellern anrichten und mit Salz und Pfeffer würzen. Jeweils etwas Vinaigrette mit Kürbis, Rosinen und Granatapfelkernen darüber verteilen.

Zutaten für 4 Personen

Für den Kalbsrücken:
½ TL Öl · 500 g Kalbsrücken
(küchenfertig)
Salz · Pfeffer aus der Mühle

Für die Vinaigrette:
1–2 EL süßsauer eingelegter
Kürbis mit 1 EL Einlegefond
5 EL Hühnerbrühe
1 EL Rosinen
½ Knoblauchzehe (in Scheiben)
1 EL Granatapfelkerne
1 EL kleine Kapern
2 EL Balsamico bianco
2 EL mildes Olivenöl
mildes Chilisalz
Pfeffer aus der Mühle · Zucker

Mein Tipp

Diese Vorspeise lässt sich ausgezeichnet vorbereiten. Dazu den gebratenen Kalbsrücken nach dem Braten gut abkühlen lassen, in Frischhaltefolie wickeln und bis zur Verwendung kühl stellen. Erst unmittelbar vor dem Servieren in dünne Scheiben schneiden. Die Vinaigrette bis auf Kapern und Granatapfelkerne zubereiten und ebenfalls kühl stellen. Zum Servieren dann Kapern und Granatapfelkerne untermischen und die Vinaigrette über den Fleischscheiben verteilen.

NUDELSALAT „ADELHEID" MIT OKTOPUS

Zutaten für 4 Personen

600 g Oktopus · ½ Zwiebel
1 Lorbeerblatt
2 Gewürznelken · Salz
1–2 TL braune Butter
(siehe Tipp S. 46)
2 Knoblauchzehen (in Scheiben)
mildes Chilisalz
250 g kleine Nudeln
(z. B. Gnocchetti sardi)
2–3 EL mildes Olivenöl
150 g Datteltomaten
2 Frühlingszwiebeln
½–1 gelbe Peperoni-Schote
1 geh. EL kleine schwarze
Oliven (ohne Stein)
1 EL kleine Kapern
1 geh. TL gehackte eingelegte
Sardellenfilets
Saft von 1 Limette
½ TL abgeriebene unbehandelte
Limettenschale
Zucker
1 geh. EL Mini-Basilikum-
blätter zum Garnieren

1 Für den Oktopus die Fangarme so vom Kopfteil abschneiden, dass sie noch gut zusammenhalten. Die Arme und die „Tüte" gründlich waschen und abtropfen lassen. Die Zwiebel schälen und das Lorbeerblatt mit den Gewürznelken auf der Zwiebelhälfte feststecken.

2 In einem großen Topf ausreichend Salzwasser aufkochen. Den Oktopus mit der gespickten Zwiebel hineingeben und einmal aufkochen. Dann die Hitze reduzieren und den Oktopus etwa 1 ½ Stunden mehr ziehen als köcheln lassen, bis er weich ist. Anschließend aus dem Sud heben, abkühlen lassen und in Scheiben schneiden. (Alternativ beim Fischhändler bereits fertig gegarten Oktopus kaufen.)

3 Eine Pfanne bei mittlerer Temperatur erhitzen, die braune Butter mit einem Pinsel darin verstreichen und die Oktopusscheiben darin anbraten. Knoblauch dazugeben und alles mit Chilisalz würzen.

4 Die Nudeln in reichlich kochendem Salzwasser al dente garen. In ein Sieb abgießen, abtropfen lassen und auf ein Backblech verteilen. Etwas ausdampfen lassen und mit 1 EL Olivenöl mischen.

5 Die Tomaten waschen und halbieren. Die Frühlingszwiebeln putzen, waschen und schräg in dünne Scheiben schneiden. Peperoni halbieren, waschen, entkernen und in 3 bis 4 mm breite Streifen schneiden.

6 Zum Servieren die Nudeln mit Oktopusscheiben, Tomaten, Frühlingszwiebeln, Peperoni, Oliven, Kapern und Sardellen mischen. Mit dem Limettensaft und dem übrigen Olivenöl marinieren und alles mit Limettenschale, Chilisalz und Zucker abschmecken. Zuletzt das Basilikum unter den Nudelsalat mischen.

Italien und Bayern – das ist echte Liebe

Es hat eine von außerhalb sein müssen und eine besonders Schöne. Und so ist der bayerische Kurfürst Ferdinand Maria auf seine Adelheid gekommen. Aber er muss schon seinen Kundschaftern vertraut haben, denn die Hochzeit hat in seiner eigenen Abwesenheit in Turin stattgefunden. Dennoch war die Ehe ziemlich glücklich, zuerst hat das mit dem Nachwuchs zwar nicht so ganz geklappt, aber als dann das erste Kind geboren war, haben Adelheid und der Kurfürst vor lauter Freude die Theatinerkirche in München gestiftet. Ich stifte hiermit der Adelheid zu Ehren einen italienisch-bayerischen Nudelsalat.

ROTE-RÜBEN-CARPACCIO MIT PARMESAN-MOUSSE

Zutaten für 4 Personen

Für die Parmesan-Mousse:
2 Blatt Gelatine
120 ml Gemüsebrühe
120 g Sahne
40 g geriebener Parmesan
mildes Chilipulver
ggf. Salz (je nach Reifegrad und
Salzgehalt des Parmesans)

Für das Carpaccio:
2 gegarte Rote Beten
(Rote Rüben; à ca. 150 g;
vakuumverpackt)
½ kleine Zwiebel
350 ml Gemüsebrühe
1 EL Rotweinessig
1–2 EL Aceto balsamico
1 EL mildes Olivenöl
mildes Chilisalz
Pfeffer aus der Mühle · Zucker

Außerdem:
1 reife Birne
1–2 TL Puderzucker
1 EL kalte Butter
1 EL Pistazienkerne

1   Für die Parmesan-Mousse die Gelatine in etwas kaltem Wasser einweichen. Die Brühe mit 30 g Sahne in einem Topf leicht erwärmen und vom Herd nehmen, den Parmesan hinzufügen und alles mit dem Stabmixer verrühren. Die Gelatine abtropfen lassen und in die warme Parmesanbrühe rühren.

2   Die übrige Sahne mit den Quirlen des Handrührgeräts cremig-fest aufschlagen. Die Parmesanbrühe auf Eiswasser (oder auf dem kalten Wasserbad) kalt rühren, bis sie zu gelieren beginnt. Dann die Sahne nach und nach unterheben. Die Mousse mit 1 Prise Chilipulver und, falls nötig, mit 1 kleinen Prise Salz abschmecken. Vier Anrichteringe (à 5 bis 6 cm Durchmesser) auf ein mit Backpapier belegtes Tablett stellen. Die Masse in die Ringe verteilen und zugedeckt im Kühlschrank mindestens 2 Stunden ziehen lassen.

3   Währenddessen für das Carpaccio die Roten Beten in dünne Scheiben schneiden. Die Zwiebel schälen und in Scheiben schneiden. Für die Marinade die Brühe in einem Topf erwärmen und vom Herd nehmen. Beide Essigsorten und das Olivenöl unterrühren und die Marinade mit Chilisalz, Pfeffer und Zucker würzen. Die Zwiebel dazugeben und die Rote-Bete-Scheiben in der Marinade mindestens 30 Minuten ziehen lassen (je länger, umso besser).

4   Die Birne waschen, vierteln und das Kerngehäuse entfernen, die Viertel in dünne Spalten schneiden. Den Puderzucker in eine Pfanne stäuben und bei mittlerer Hitze hell karamellisieren. Die Birnenspalten darin auf beiden Seiten anbraten, dann die kalte Butter unterrühren. Die Pistazienkerne hacken.

5   Zum Servieren die Rote-Bete-Scheiben aus der Marinade nehmen und leicht überlappend auf Tellern auslegen, dabei die Zwiebelscheiben entfernen. Die Parmesan-Mousse aus den Ringen lösen und auf das Rote-Rüben-Carpaccio setzen. Mit den Birnenspalten garnieren und mit den Pistazien bestreuen.

BREZENSALAT „OTTO V. BAYERN" MIT SCHAFSKÄSE UND OLIVEN

1 Für die Vinaigrette die Brühe mit Essig und Senf in einen hohen Rührbecher geben und das Olivenöl nach und nach mit dem Stabmixer unterrühren. Die Vinaigrette mit Salz, Pfeffer und je 1 Prise Chilipulver und Zucker würzen.

2 Die Gurke waschen und längs halbieren. Die Kerne mit einem Teelöffel entfernen und die Gurkenhälften in Rauten schneiden. Zwiebel schälen und in dünne Spalten schneiden. Die Paprika längs halbieren, entkernen, waschen und in Rauten schneiden. Die Tomaten waschen und halbieren. Den Salat putzen, waschen und trocken schleudern, die Blätter in mundgerechte Stücke zupfen.

3 Von den Laugenstangen das Salz entfernen und die Stangen in dünne Scheiben schneiden. Die Butter in einer Pfanne erhitzen und die Laugenscheiben darin auf beiden Seiten bei mittlerer Hitze goldbraun braten. Aus der Pfanne nehmen, auf Küchenpapier abtropfen lassen und mit Chilisalz würzen.

4 Zum Servieren die Salatblätter mit Kräutern, Gurke, Zwiebel, Paprika und Tomaten in eine Schüssel geben und gründlich mit der Vinaigrette mischen. Den Salat auf Teller verteilen. Die Bresaola-Scheiben jeweils etwas eindrehen und mit den Laugenscheiben zwischen die Salatblätter stecken. Den Schafskäse in kleine Würfel schneiden und mit den Oliven und Kapern über den Brezensalat streuen.

Zutaten für 4 Personen

80 ml Gemüsebrühe
1 EL Rotweinessig
1 TL scharfer Senf
2 EL mildes Olivenöl
Salz · Pfeffer aus der Mühle
mildes Chilipulver · Zucker
¼ Salatgurke · 1 rote Zwiebel
1 rote Paprikaschote
100 g Cocktailtomaten
200 g Romanasalat
2 Laugenstangen
1 EL Butter · mildes Chilisalz
*1–2 EL gemischte Kräuter-
blätter (z. B. Basilikum, Dill,
Petersilie; frisch geschnitten)*
*100 g Bresaola (ital. Rinder-
schinken; in dünnen Scheiben)*
200 g Feta (Schafskäse)
*60 g schwarze Oliven (ohne
Stein) · 1 EL Kapern*

Mein Tipp

Übrigens: Der Otto von Bayern war ein bayerischer Prinz, der zugleich von 1832 bis 1862 der erste König von Griechenland war. Deswegen ihm zu Ehren dieser Brezensalat.
Nach Belieben können Sie statt Schafskäse auch ganz italienisch Mozzarella oder Gorgonzola (grob zerkleinert) mit den Oliven und Kapern über den Salat streuen.

Suppen, kleine Gerichte & Nudeln

TOMATENSUPPE „KOLUMBUS" MIT STECKERLFISCH

Zutaten für 4 Personen

Für die Tomatensuppe:

1 Karotte (100 g) · 1 Zwiebel
1 TL Puderzucker
½ l Gemüsebrühe
500 g stückige Tomaten
(aus der Dose)
1 fein geriebene Knoblauchzehe
1 Msp. fein geriebener Ingwer
½ ausgekratzte Vanilleschote
Salz · milde Chiliflocken
Zucker · gemahlener Piment
Zimtpulver

Für den Steckerlfisch:

4 Forellenfilets (à ca. 100 g)
4 Schaschlikspieße
(aus Holz oder Metall)
1 TL Öl · mildes Chilisalz

1 Für die Tomatensuppe die Karotte und die Zwiebel schälen und in feine Würfel schneiden. Beides in einen Topf geben, mit dem Puderzucker bestäuben und bei mittlerer Hitze leicht karamellisieren. Dann Brühe und Tomatenstücke dazugeben und alles etwa 20 Minuten mehr ziehen als köcheln lassen.

2 Nach 20 Minuten Garzeit Knoblauch und Ingwer zur Suppe hinzufügen. Die Vanille dazugeben, die Suppe mit Salz und je 1 Prise Chiliflocken und Zucker sowie etwas Piment und Zimt würzen. Die Vanilleschote nach einigen Minuten wieder entfernen. Die Suppe warm halten.

3 Für den Steckerlfisch die Forellenfilets waschen und trocken tupfen. Jeweils 1 Fischfilet wellenartig auf einen Spieß fädeln. Eine Pfanne bei mittlerer Temperatur erhitzen und das Öl mit einem Pinsel darin verstreichen. Die Steckerlfische darin auf jeder Seite etwa 1 ½ Minuten anbraten. Die Pfanne vom Herd nehmen, die Fische wenden und in der Nachhitze der Pfanne etwa 1 Minute saftig durchziehen lassen. Dann auf Küchenpapier abtropfen lassen und mit Chilisalz würzen.

4 Zum Servieren die Tomatensuppe auf vorgewärmte tiefe Teller oder Suppenschalen verteilen und je 1 Steckerlfisch darüberlegen. Die Suppe nach Belieben mit Basilikum garnieren. Falls Sie die Tomatensuppe in 8 kleinen Portionen als Snack servieren möchten, je 1 längs halbiertes Forellenfilet auf einen Spieß stecken und wie beschrieben zubereiten.

Tomatensuppe Kolumbus – was für Entdecker

Um den Kolumbus streiten sich ja die Italiener und die Spanier. Beide haben a bisserl recht. Der große Entdecker Kolumbus war ein gebürtiger Italiener, der aber in den Diensten der Spanier stand. Als er Amerika entdeckt hat, wollt er eigentlich da hin, wo der Pfeffer wächst. Nach Indien. Und er wollte es so machen wie ich. Immer alles a bisserl anders und so ist er nach Westen gesegelt statt nach Osten, um einen kürzeren Weg zu finden. Den Pfeffer hat er nicht gefunden, dafür die Indianer. Von seinen Reisen nach Amerika und Südamerika hat er a paar Gewürze mitgebracht, ohne die würde es heute gar nicht mehr gehen in der modernen Küche: Piment, Chili oder Vanille. Und das kommt alles hinein in mein Gericht zu Ehren des großen Entdeckers – in meine Tomatensuppe „Kolumbus".

BOHNENEINTOPF „ROSENGARTEN" MIT WIRSING UND SALSICCE

1 kleine Zwiebel
2 kleine Karotten
100 g grüne Bohnen
100 g breite Bohnen
(Stangenbohnen)
200 g Wirsingblätter · Salz
100 g weiße Bohnen
(aus der Dose)
1 l Hühnerbrühe
1 Lorbeerblatt
1 Knoblauchzehe (in Scheiben)
2 Scheiben Ingwer
½ TL getrocknetes Bohnenkraut
1 Streifen unbehandelte
Zitronenschale
1 EL Petersilienblätter
(frisch geschnitten)
mildes Chilisalz
Pfeffer aus der Mühle
frisch geriebene Muskatnuss
½ TL Öl · 4 rohe Salsicce
(kleine ital. Bratwürste)

1   Die Zwiebel schälen und in 1 cm große Blätter schneiden. Die Karotten putzen, schälen und in Scheiben schneiden. Die grünen Bohnen putzen, waschen und jeweils dritteln. Die breiten Bohnen putzen, waschen und schräg in 1 bis 1 ½ cm breite Stücke schneiden. Die Wirsingblätter putzen, waschen und die Blattrippen entfernen, die Blätter in 1 ½ bis 2 cm große Blätter schneiden.

2   Die grünen und die breiten Bohnen in Salzwasser gerade weich kochen. In ein Sieb abgießen, kalt abschrecken und abtropfen lassen. Inzwischen die weißen Bohnen in ein Sieb abgießen, kalt abbrausen und abtropfen lassen.

3   Die Brühe mit dem Lorbeerblatt in einem Topf erhitzen, Zwiebel und Karotten dazugeben und alles knapp unter dem Siedepunkt 5 Minuten garen. Den Wirsing dazugeben und ebenfalls 5 bis 8 Minuten garen.

4   Zuletzt alle Bohnensorten zum Eintopf hinzufügen und mit Knoblauch, Ingwer, Bohnenkraut und Zitronenschale würzen. Die Petersilie untermischen und den Eintopf mit Chilisalz, Pfeffer und Muskatnuss würzen. Zum Servieren die ganzen Gewürze wieder entfernen.

5   Kurz vor dem Servieren eine Pfanne bei mittlerer Temperatur erhitzen und das Öl mit einem Pinsel darin verstreichen. Die Salsicce darin auf beiden Seiten goldbraun anbraten.

6   Zum Servieren den Bohneneintopf auf vorgewärmte tiefe Teller verteilen. Die Salsicce schräg in ½ bis 1 cm breite Scheiben schneiden und hineinsetzen.

Mein Tipp

Für einen vegetarischen Bohneneintopf ersetze ich die Hühnerbrühe durch Gemüsebrühe. Und anstatt der Salsicce können Sie nach Belieben 150 g gekochte kleine Nudeln, Reis oder Fregola (siehe S. 17) hinzufügen. Sehr fein schmeckt der Bohneneintopf auch, wenn man kurz vor dem Servieren noch je 1 TL Petersilienpesto (siehe rechts) über den Eintopf träufelt.

KARTOFFELSUPPE „PESCATORE" MIT PETERSILIENPESTO

1 Für die Suppe die Kartoffeln schälen und in etwa 1 cm große Würfel schneiden. Die Kartoffeln in Salzwasser mit Lorbeerblatt und Chilischote knapp unter dem Siedepunkt 20 bis 30 Minuten weich ziehen lassen. In ein Sieb abgießen, dabei die Gewürze entfernen, und abtropfen lassen.

2 Inzwischen Fenchel und Sellerie putzen und waschen, Karotte und Zwiebel schälen. Alles in möglichst kleine Würfel schneiden. Die Oktopusarme in Scheiben schneiden.

3 Fenchel, Sellerie, Karotte und Zwiebel mit der Brühe in einen Topf geben und darin knapp unter dem Siedepunkt 10 bis 15 Minuten gar ziehen lassen. Dann die Oktopusscheiben und die Kartoffelwürfel dazugeben und alles mit 1 Prise Oregano würzen.

4 Zuletzt Knoblauch, Ingwer und Zitronenschale dazugeben und einige Minuten ziehen lassen, dann wieder entfernen. Die Suppe mit Chilisalz abschmecken, warm halten.

5 Für das Pesto die Petersilienblätter von den Stielen zupfen und in Salzwasser blanchieren. In ein Sieb abgießen, kalt abschrecken und abtropfen lassen. Mit den Händen das übrige Wasser noch gut herausdrücken und die Blätter mit einem Messer grob zerkleinern.

6 Das Basilikum waschen und trocken schütteln, die Blätter von den Stielen zupfen und mit der blanchierten Petersilie in den Blitzhacker geben. Parmesan, Mandelblättchen, Knoblauch, Olivenöl und braune Butter hinzufügen, alles mit Salz, Pfeffer und Zitronensaft würzen und zu einer feinen Paste pürieren.

7 Zum Servieren die Kartoffelsuppe auf vorgewärmte tiefe Teller verteilen und jeweils mit etwas Petersilienpesto beträufeln.

Zutaten für 4 Personen

Für die Kartoffelsuppe:
400 g vorwiegend festkochende Kartoffeln
Salz · 1 kleines Lorbeerblatt
1 getrocknete rote Chilischote
½ kleine Fenchelknolle
1 Stange Staudensellerie
1 Karotte · 1 Zwiebel
½ kleiner gegarter Oktopus (siehe S. 30)
¾ l Gemüsebrühe
getrockneter Oregano
1 Knoblauchzehe (in Scheiben)
2 Scheiben Ingwer
1 Streifen unbehandelte Zitronenschale
mildes Chilisalz

Für das Petersilienpesto:
je 1 Bund Petersilie und Basilikum · Salz
1 TL geriebener Parmesan
1 TL geröstete Mandelblättchen
½ Knoblauchzehe (in Scheiben)
3 EL mildes Olivenöl
30 g flüssige braune Butter (siehe Tipp S. 46; nicht zu heiß)
Pfeffer aus der Mühle
einige Tropfen Zitronensaft

KASTANIENSUPPE „ANDREAS HOFER"

Zutaten für 4 Personen

Für die Kastaniensuppe:
800 ml Hühnerbrühe
350 g gegarte Kastanien
(Maronen; vakuumverpackt)
½ TL gehackte Zartbitter-
kuvertüre
1 TL Marzipanrohmasse
200 g Sahne
¼ ausgekratzte Vanilleschote
1 Msp. abgeriebene unbe-
handelte Orangenschale
30 g kalte Butter · Salz
mildes Chilipulver

Außerdem:
1 Vinschgerl
1 TL braune Butter
(siehe Tipp S. 46)
mildes Chilisalz
8 Rosenkohlröschen · Salz
je ½ TL Zimtsplitter, Kori-
ander- und schwarze Pfefferkörner für die Gewürzmühle
6 dünne Scheiben
Südtiroler Speck

1 Für die Suppe die Brühe mit den Kastanien in einen Topf geben und einmal aufkochen. Die Kuvertüre mit dem Marzipan zur Suppe geben. Dann die Sahne hinzufügen und alles mit dem Stabmixer fein pürieren.

2 Die Vanilleschote hinzufügen, in der Suppe 1 bis 2 Minuten ziehen lassen und wieder entfernen. Dann die Orangenschale und die kalte Butter in kleinen Stücken dazugeben und beides mit dem Stabmixer unterrühren. Die Kastaniensuppe mit Salz und Chilipulver würzen und bis zum Servieren warm halten, aber nicht mehr kochen lassen.

3 Das Vinschgerl in 1 bis 2 cm rechteckige Stücke schneiden und in einer Pfanne ohne Fett anrösten. Dann etwas braune Butter dazugeben und die Croûtons mit Chilisalz würzen.

4 Vom Rosenkohl die äußeren Blätter entfernen. Die einzelnen Blätter ablösen und in kochendem Salzwasser etwa 2 Minuten bissfest blanchieren. In ein Sieb abgießen, kalt abschrecken und abtropfen lassen.

5 Zum Servieren Zimt, Koriander- und Pfefferkörner in eine Gewürzmühle füllen. Die Kastaniensuppe nochmals mit dem Stabmixer aufschäumen und auf vorgewärmte tiefe Teller verteilen.

6 Die Speckscheiben halbieren, aufrollen und jeweils 3 Hälften mit dem Fettrand nach oben mittig in die Suppe setzen. Die Rosenkohlblätter und die Croûtons darum herumstreuen und mit der Mischung aus der Gewürzmühle leicht würzen.

Mein Tipp

Das Marzipan verleiht der Kastaniensuppe noch einen Hauch von Bittermandelgeschmack. Stattdessen können Sie die Suppe auch mit einigen Tropfen Mandellikör (z. B. Amaretto) verfeinern.

SIZILIANISCHE ZITRONENSUPPE MIT ZWEIERLEI SPARGEL

Zutaten für 4 Personen

*je 250 g weißer und grüner
Spargel
800 ml Gemüsebrühe
150 g Sahne
1–2 TL Speisestärke
abgeriebene Schale von ½ unbehandelten Zitrone
30 g kalte Butter
mildes Chilisalz
frisch geriebene Muskatnuss
einige Tropfen Zitronensaft*

1   Den Spargel waschen. Die weißen Spargelstangen ganz, die grünen nur im unteren Drittel schälen und die holzigen Enden entfernen. Die Spargelschalen aufbewahren.

2   Die Brühe in einem Topf aufkochen und die Spargelschalen darin knapp unter dem Siedepunkt 20 Minuten ziehen lassen. Den Spargelsud durch ein Sieb in einen Topf gießen, die Spargelschalen dabei mit einem Schöpflöffel gut ausdrücken und anschließend entfernen.

3   Die Spargelstangen schräg in etwa 1 cm dicke Scheiben schneiden, in den aufgefangenen Spargelsud geben und darin knapp unter dem Siedepunkt 5 bis 10 Minuten bissfest gar ziehen lassen. Den Sud erneut durch ein Sieb in einen Topf gießen, die Spargelscheiben warm halten.

4   Die Sahne zum Spargelsud geben und erhitzen. Die Speisestärke mit wenig kaltem Wasser glatt rühren, in die Suppe geben und etwa 2 Minuten leicht köcheln lassen, bis diese sämig bindet. Die Suppe vom Herd nehmen und mit Zitronenschale würzen. Die kalte Butter in kleinen Stücken dazugeben und mit dem Stabmixer unterrühren. Zuletzt die Suppe mit Chilisalz, etwas Muskatnuss und Zitronensaft abschmecken.

5   Zum Servieren die Spargelscheiben auf vorgewärmte tiefe Teller verteilen. Die Spargelsuppe nochmals mit dem Stabmixer aufschäumen und darübergeben.

Mein Tipp

Sie können die Spargelsuppe nach Belieben noch mit gerösteten Brotwürfeln bestreuen oder mit Garnelen oder Saiblingsfiletstücken variieren. Letztere dazu entweder einfach am Ende der Garzeit in die Suppe legen und einige Minuten darin mitgaren lassen; alternativ separat zube-reiten und beim Anrichten in der Suppe verteilen.

FRITTATA MIT LAUWARMEM SPARGELSALAT

1 Für den Spargelsalat beide Spargelsorten waschen. Den weißen Spargel ganz, den grünen Spargel nur im unteren Drittel schälen und die holzigen Enden jeweils entfernen. Die Spargelstangen erst längs halbieren, dann jeweils in vier Stücke schneiden.

2 Die Spargelstücke in einer Pfanne ohne Fett erhitzen und darin kurz dünsten. Die Brühe hinzufügen, mit einem Blatt Backpapier bedecken und knapp unter dem Siedepunkt etwa 6 Minuten bissfest dünsten. Aus der Pfanne nehmen, mit Chilisalz würzen und mit Zitronensaft und Olivenöl beträufeln.

3 Für die Frittata den Backofengrill auf 230 °C vorheizen und das Ofengitter auf die unterste Schiene schieben. Die Tomaten waschen und in Scheiben schneiden, dabei die Stielansätze und Kerne entfernen. Den Mozzarella halbieren, in Scheiben schneiden und etwas salzen. Die Eier mit der Sahne verquirlen.

4 Eine ofenfeste Pfanne bei mittlerer Temperatur erhitzen und wenig Öl mit einem Pinsel darin verstreichen. Die Hälfte der Eiermischung in die Pfanne gießen und etwas anziehen lassen. Dann je die Hälfte der Tomaten- und Mozzarellascheiben darauflegen. Die Frittata auf dem Herd etwa ½ Minute anbacken lassen. Anschließend die Pfanne auf das Ofengitter stellen und die Frittata im Ofen 2 bis 3 Minuten backen, bis sie leicht souffliert. Herausnehmen und warm halten. Dann die zweite Frittata auf die gleiche Weise zubereiten.

5 Die Trüffel putzen und in Scheiben schneiden oder hobeln. Eine Pfanne bei milder Temperatur erhitzen und die braune Butter darin verstreichen. Die Trüffel darin kurz erwärmen, dabei einmal wenden.

6 Zum Servieren die Frittata auf vorgewärmte Teller gleiten lassen. Den Spargelsalat daraufsetzen und jeweils mit Trüffelscheiben und Wildkräutern belegen. Zuletzt den Parmesan darüberstreuen und alles mit Chilisalz würzen.

Zutaten für 2 Personen

Für den Spargelsalat:
je 125 g weißer und
grüner Spargel
50 ml Gemüsebrühe
mildes Chilisalz
1 Spritzer Zitronensaft
1–2 TL mildes Olivenöl

Für die Frittata:
2 Tomaten
1 ½–2 Mozzarellakugeln
(à ca. 125 g)
Salz · 6 Eier
6 EL Sahne
1–2 TL Öl

Außerdem:
½ kleine Sommertrüffel (ca. 5 g)
1 TL braune Butter
(siehe Tipp S. 46)
einige Wildkräuterblätter zum
Garnieren (z. B. Bärlauch,
Brunnenkresse, Löwenzahn,
Sauerklee)
2 EL geriebener Parmesan
mildes Chilisalz

EIERSPEIS „MURANO"
AUF MINZSPINAT

Zutaten für 4 Personen

Für das Kartoffelstroh:
1 vorwiegend festkochende Kartoffel
Fett zum Frittieren · Salz

Für die Schnittlauchsauce:
150 g griech. Joghurt (10 % Fett) · Zucker
2 EL Schnittlauchröllchen
1 Spritzer Limettensaft
mildes Chilisalz

Für den Minzspinat:
150 g Babyspinat
mildes Chilisalz
frisch geriebene Muskatnuss
½ TL abgeriebene unbehandelte Limettenschale
einige Tropfen Limettensaft
Zimtrinde zum Reiben
½ Knoblauchzehe (in Scheiben)
2 Scheiben Ingwer
1 EL Minzeblätter (in Streifen geschnitten)

Außerdem:
4 zimmerwarme Eier
einige Minzeblätter zum Garnieren

1 Für das Kartoffelstroh die Kartoffel schälen, in Juliennes (feine Streifen) schneiden oder (auf einer Mandoline oder einem Dreieckshobel) hobeln. In einem Sieb unter kaltem Wasser waschen (der austretende Saft würde zu ungleichmäßiger Färbung führen). Abtropfen lassen, auf ein Küchentuch geben und vollständig trocken tupfen.

2 Das Fett in einem Topf oder der Fritteuse auf 170 °C erhitzen. Die Kartoffel im Fett wenige Minuten hell bräunen. Mit dem Schaumlöffel herausheben, auf Küchenpapier abtropfen lassen und salzen.

3 Für die Schnittlauchsauce den Joghurt mit 1 Prise Zucker glatt rühren. Den Schnittlauch und den Limettensaft dazugeben und unterrühren, dann die Sauce mit Chilisalz würzen.

4 Die Eier etwa 5 Minuten kochen, kalt abschrecken und 1 Minute in kaltes Wasser legen, damit sich ihre Schale besser löst. Anschließend vorsichtig pellen. (Achtung: Kühlschrankkalte Eier benötigen 1 Minute länger, daher diese etwa 6 Minuten kochen!)

5 Für den Minzspinat die Spinatblätter verlesen, waschen und trocken schütteln. Eine große tiefe Pfanne bei milder Temperatur erhitzen und die Spinatblätter darin unter Rühren bei milder Hitze 1 bis 2 Minuten zusammenfallen lassen. Mit Chilisalz, Muskatnuss, Limettenschale und -saft würzen und etwas Zimt darüberreiben. Knoblauch und Ingwer zum Spinat geben und kurz ziehen lassen, dann wieder entfernen. Zuletzt die Minze dazugeben.

6 Zum Servieren den Minzspinat auf vorgewärmte Teller verteilen, jeweils 1 weiches Ei daraufsetzen und mit Schnittlauchsauce beträufeln. Mit Chilisalz würzen und mit Kartoffelstroh und Minze garnieren.

Mein Tipp

Besonders schön sieht es aus, wenn Sie die Eierspeise passend zum Rezeptnamen in hellen, flachen Murano-Glasschalen servieren.

NOCKERL „MILANESE" MIT ERBSEN UND MINZE

Zutaten für 4 Personen

Für die Nockerl (Topfen-Grieß-Gnocchi):

500 g Speisequark (10 oder 20 % Fett)
100 g geriebener Parmesan
2 Eier
250 g doppelgriffiges Mehl (z. B. Wiener Grießler)
50 g Weizengrieß
1 EL flüssige braune Butter (siehe Tipp unten)
1 Msp. abgeriebene unbehandelte Zitronenschale
mildes Chilisalz
Pfeffer aus der Mühle
frisch geriebene Muskatnuss
Salz
doppelgriffiges Mehl für die Arbeitsfläche

Außerdem:

100 ml Gemüsebrühe
1 Knoblauchzehe (in Scheiben)
2 Scheiben Ingwer
je 1 Streifen unbehandelte Zitronen- und Orangenschale
150 g tiefgekühlte Erbsen
50 g braune Butter
1 EL Minzeblätter (frisch geschnitten)
2 EL geriebener Parmesan

1 Für die Nockerl den Quark mit Parmesan, Eiern, Mehl, Grieß, brauner Butter, Zitronenschale, etwas Chilisalz, Pfeffer und Muskatnuss in einer großen Schüssel mischen und mit dem Teigspatel zu einem glatten, sehr weichen Teig verarbeiten.

2 Den Teig portionieren, auf der stark bemehlten Arbeitsfläche erst zu 2 cm dicken Rollen formen, dann jede Rolle in 1 bis 2 cm lange Stücke schneiden.

3 In einem großen Topf reichlich Salzwasser aufkochen. Die Gnocchi darin so lange garen, bis sie nach oben steigen. Dann noch weitere 2 Minuten ziehen lassen, in ein Sieb abgießen und abtropfen lassen.

4 Die Brühe in eine große Pfanne geben, Knoblauch, Ingwer, Zitronen- und Orangenschale hinzufügen und alles erhitzen. Die Erbsen dazugeben und 1 bis 2 Minuten leicht köcheln lassen. Dann die Gnocchi hinzufügen und erwärmen, zuletzt die braune Butter und die Minze untermischen.

5 Zum Servieren Ingwer und Zitrusschalen wieder entfernen. Die Topfen-Grieß-Gnocchi in vorgewärmten Pastatellern anrichten und mit Parmesan bestreuen.

Mein Tipp

Die Topfen-Grieß-Gnocchi lassen sich ausgezeichnet vorbereiten. Dazu die geformten Gnocchi nebeneinander auf reichlich mit doppelgriffigem Mehl bestreute Tabletts setzen und bis zum Kochen kühl stellen.
Für braune Butter 250 g Butter in einen Topf geben und nach Belieben mit einem Löffel etwas zerkleinern. Die Butter bei milder Hitze langsam zerlassen. Dann etwa 10 Minuten köcheln lassen, bis sie goldbraun ist. Ein Sieb mit einem Stück Küchenpapier auslegen. Die Butter schöpflöffelweise in das Sieb gießen und in einer Schüssel auffangen. Die braune Butter abkühlen lassen und in ein gut verschließbares Glas füllen. Im Kühlschrank hält sie sich etwa 8 Wochen.

FINGERNUDELN „PINOCCHIO" MIT BUNTER PEPERONATA

1 Für die Fingernudeln die Kartoffeln waschen und mit Schale in reichlich Salzwasser etwa 20 Minuten weich garen. Abgießen und kurz ausdampfen lassen, heiß pellen, durch die Kartoffelpresse drücken und auf einem Backblech abkühlen lassen.

2 Inzwischen den Quark in ein sauberes Küchentuch geben, das Tuch über dem Quark zusammenfassen und die Flüssigkeit aus dem Quark herauspressen. Es sollten 60 bis 70 g ausgedrückter Quark entstehen.

3 Vom Kartoffelschnee 375 g abwiegen und mit Quark, Speisestärke, Grieß, Eigelb, je 1 Prise Salz und Muskatnuss, Kümmel, Knoblauch und 30 g brauner Butter mit den Händen rasch zu einem glatten Teig verkneten. Den Teig in 3 Portionen teilen und jede Portion mit etwas Mehl zu einer 2 bis 3 cm dicken Rolle formen. Jede Rolle in 1 cm breite Stücke schneiden und jeweils mit den Händen zu etwa 7 cm langen Nudeln mit spitzen Enden formen. Auf ein bemehltes Backblech legen.

4 In einem Topf reichlich Salzwasser aufkochen und Petersilie, Chilischote, Lorbeerblätter und Ingwer dazugeben. Die Fingernudeln hinzufügen, einmal aufkochen und dann knapp unter dem Siedepunkt 4 bis 5 Minuten ziehen lassen, bis sie an die Oberfläche steigen.

5 Die Fingernudeln mit dem Schaumlöffel herausnehmen und auf Küchenpapier abtropfen lassen. In einer Pfanne die restliche braune Butter erhitzen und die Fingernudeln darin bei mittlerer Hitze rundum goldbraun braten. Nach Belieben mit Chilisalz würzen, warm halten.

6 Für die Peperonata die Zwiebel schälen, halbieren und in dünne Scheiben schneiden. Paprika vierteln, entkernen und waschen. Die Viertel mit dem Sparschäler schälen und in dünne Streifen schneiden. Knoblauch schälen und hacken. In einer Pfanne 1 EL Olivenöl erhitzen und die Zwiebelscheiben darin andünsten. Die Paprika dazugeben, kurz andünsten und mit der Brühe ablöschen. Chilischote, Lorbeerblatt, Zitronenschale, Thymian und Knoblauch hinzufügen und die Paprikastreifen bei milder Hitze etwa 20 Minuten weich schmoren.

7 Anschließend die ganzen Gewürze wieder entfernen. Ein Drittel der Peperonata in einen hohen Rührbecher geben, das restliche Olivenöl hinzufügen und mit dem Stabmixer unterrühren. Das Püree unter die übrige Peperonata mischen, mit Salz und Pfeffer würzen und lauwarm abkühlen lassen. Zum Servieren die Fingernudeln auf vorgewärmte Teller verteilen und die Peperonata darauf anrichten.

Zutaten für 4 Personen

Für die Fingernudeln:
450 g mehligkochende Kartoffeln · Salz
120 g Speisequark (10 % Fett)
100 g Speisestärke
40 g Weizengrieß · 1 Eigelb
frisch geriebene Muskatnuss
1 Msp. gemahlener Kümmel
½ fein geriebene Knoblauchzehe
ca. 40 g braune Butter (siehe Tipp links)
2 Stiele Petersilie
1 getrocknete rote Chilischote
3 Lorbeerblätter
3 Scheiben Ingwer
Mehl zum Arbeiten

Für die bunte Peperonata:
1 mittelgroße Zwiebel
je 1 rote und gelbe Paprikaschote
1 Knoblauchzehe
50 ml mildes Olivenöl
80 ml Gemüsebrühe
1 mittelscharfe Chilischote
1 Lorbeerblatt
1 Msp. abgeriebene unbehandelte Zitronenschale
1 Zweig Thymian
Salz · Pfeffer aus der Mühle

„Seiser Alm": KASPRESSKNÖDEL

Zutaten für 12 Stück

1 Zwiebel
120 g Bergkäse (am Stück)
je 1 TL Kümmelsamen und
Korianderkörner sowie
½ TL Zimtsplitter für
die Gewürzmühle
140 ml Milch
80 g Gorgonzola
2 Eier
mildes Chilisalz
250 g Knödelbrot (in Scheiben)
2 EL Petersilienblätter
(frisch geschnitten)
1–2 EL Öl
1,2 l klare Rinder-, Hühner-
oder Gemüsebrühe
frisch geriebene Muskatnuss
einige Schnittlauchröllchen
zum Garnieren

1 Die Zwiebel schälen und in feine Würfel schneiden. Die Zwiebelwürfel in einer Pfanne mit 100 ml Wasser weich garen, bis die Flüssigkeit eingekocht ist. Den Bergkäse in sehr kleine Würfel schneiden oder grob reiben. Kümmel, Koriander und Zimt in eine Gewürzmühle füllen.

2 Die Milch in einem kleinen Topf aufkochen und vom Herd nehmen, den Gorgonzola zerbröckeln und darin auflösen. Die Eier verquirlen und mit der warmen Käsemilch mit dem Stabmixer verrühren. Die Eiermilch mit der Mischung aus der Gewürzmühle und mit Chilisalz würzen und über das Knödelbrot gießen. Zwiebel, Bergkäse und Petersilie dazugeben und alles gut mischen. Den Knödelteig zugedeckt 10 bis 15 Minuten ziehen lassen, ggf. nachwürzen.

3 Aus der Masse mit angefeuchteten Händen 12 kleine Knödel formen und etwas flach drücken, sodass etwa 1 bis 1 ½ cm dicke Pflanzerl entstehen. Das Öl in einer Pfanne erhitzen und die Pflanzerl darin bei milder Hitze auf beiden Seiten hellbraun braten. (Achtung, die Masse bräunt schnell!)

4 Inzwischen die Brühe in einem Topf erhitzen. Die angebräunten Pflanzerl in der Brühe etwa 10 Minuten saftig durchziehen lassen. Zum Servieren etwas Muskatnuss in vorgewärmte tiefe Teller reiben, die heiße Brühe darübergießen und die Kaspressknödel hineinsetzen. Mit Schnittlauchröllchen bestreuen (im Bild links unten).

Knödel „Seiser Alm" – immer eine Sünde wert

Jausen in Klausen, Kuren in Meran und Törggelen überall – für die Bayern ist Südtirol ein echtes Paradies. Auch kulinarisch: Denn die Südtiroler schütteln ihre Brote nur so raus und auch der Speck ist immer gleich weg, so gut ist der. Südtirol ist die kulinarische Brücke zwischen der alpenländischen und der italienischen Küche und damit das Bindeglied für meine bayerisch-italienische Küche. Ohne Knödel läuft in Bayern kulinarisch nichts. Und auch die Südtiroler mögen es rund. Dreierlei Knödel heißt eines der dortigen Nationalgerichte. „Tris di canederli" nennen es die Italiener. Ich mach meine drei Knödel a bisserl anders: bayerisch-südtirolerisch, aber al dente, mit einem italienischen Touch. Und das dürfen Sie mir glauben: Da ist ein jeder Knödel eine Sünde wert, auch auf der Alm und erst recht auf der Seiser Alm. Denn dort – auf 1680 Meter Höhe – ist mir die Inspiration für dieses Gericht gekommen.

„Seiser Alm": SPINATKNÖDEL

Zutaten für 12 Stück

100 g Blattspinat
Salz · 3 Eier
1 EL Petersilienblätter
(frisch geschnitten)
frisch geriebene Muskatnuss
1 fein geriebene Knoblauchzehe
mildes Chilisalz
300 g Semmeln (Brötchen;
vom Vortag)
200 ml Milch
8 kleine Salbeiblätter
1 Knoblauchzehe (in Scheiben)
100 g braune Butter
(siehe Tipp S. 46)
50 g geraspelter Parmesan

1 Die Spinatblätter verlesen, waschen und trocken schütteln, dabei grobe Stiele entfernen. Den Spinat in Salzwasser 1 bis 2 Minuten blanchieren. In ein Sieb abgießen, kalt abschrecken und abtropfen lassen, dabei das Wasser mit den Händen herausdrücken. Den Spinat klein hacken und anschließend mit 1 Ei, Petersilie, Muskatnuss, Knoblauch und Chilisalz im Blitzhacker fein pürieren.

2 Die Brötchen in sehr dünne Scheiben schneiden. Die Milch aufkochen und vom Herd nehmen. Die warme Milch über die Brotscheiben gießen. Das Spinatpüree und die übrigen 2 Eier hinzufügen und alles mit den Händen zu einer kompakten Masse mischen. Den Knödelteig zugedeckt 20 Minuten ziehen lassen.

3 Aus der Masse mit angefeuchteten Händen 12 kleine Knödel formen. In einem großen Topf reichlich Salzwasser aufkochen und die Knödel darin knapp unter dem Siedepunkt 15 bis 20 Minuten ziehen lassen. Inzwischen die Salbeiblätter mit Knoblauch in der braunen Butter bei milder Hitze etwas ziehen lassen.

4 Zum Servieren die Spinatknödel mit dem Schaumlöffel aus dem Kochsud nehmen, kurz abtropfen lassen und auf vorgewärmten Tellern anrichten. Die braune Butter darüberträufeln und alles mit Parmesanspänen bestreuen (im Bild S. 49 rechts hinten).

Mein Tipp

Falls Sie die Knödel nach dem Garen nicht sofort servieren können, sollten Sie sie am besten im Kochsud warm halten. Wichtig ist dabei, dass das Wasser gesalzen ist – am besten so stark wie eine klare Brühe. Dadurch ist gewährleistet, dass die Knödel geschmacklich nicht auslaugen.

„Seiser Alm": ROTE-BETE-KNÖDEL MIT LAUCHGEMÜSE

1 Für die Knödel die Roten Beten klein schneiden und mit dem Ei im Blitzhacker fein pürieren. Den Ricotta mit Rote-Bete-Püree, Parmesan, Mehl und Grieß mischen und alles mit dem Teigspatel zu einer glatten Masse verarbeiten. Die Knödelmasse zugedeckt mindestens 10 Minuten ziehen lassen, dann mit Chilisalz würzen. (Die Masse ist relativ weich und wird später beim Kochen fest; siehe Tipp.)

2 Aus der Masse mit angefeuchteten Händen 12 kleine Knödel formen. In einem großen Topf 1 ½ l Wasser mit dem Rote-Bete-Saft einmal aufkochen und salzen. Die Knödel darin knapp unter dem Siedepunkt 15 bis 20 Minuten ziehen lassen. Die Rote-Bete-Knödel im Kochsud warm halten (siehe Tipp links) oder herausnehmen, kurz abtropfen lassen und sofort servieren.

3 Für das Lauchgemüse den Lauch halbieren, gründlich waschen und schräg in etwa 1 cm breite Streifen schneiden. Brühe und Lauch in einen Topf geben, mit einem Blatt Backpapier bedecken und knapp unter dem Siedepunkt 8 Minuten garen. Kalte Butter in kleinen Stücken dazugeben und alles mit Chilisalz und Muskatnuss würzen.

4 Zum Servieren das Lauchgemüse auf vorgewärmte tiefe Teller verteilen und die Rote-Bete-Knödel darauf anrichten. Mit etwas brauner Butter bestreichen und zuletzt mit Meerrettich und Kerbel bestreuen (im Bild S. 49 Mitte).

Mein Tipp

Dieser Knödelteig erscheint beim Formen relativ weich. Erst beim Kochen wird die Masse fest – zum einen durch das im Teig enthaltene Ei, zum anderen durch den Grieß – und man erhält stichfeste, luftige Knödel. Für eine leuchtend rote Farbe sorgt Rote-Bete-Saft im Kochsud. Dafür können Sie natürlich auch den Saft aus der Vakuumverpackung verwenden.

Zutaten für 12 Stück

Für die Rote-Bete-Knödel:
*100 g gegarte Rote Beten
(vakuumverpackt)
1 Ei · 250 g Ricotta
60 g geriebener Parmesan
100 g doppelgriffiges Mehl
(z. B. Wiener Grießler)
25 g Weizengrieß
mildes Chilisalz
300 ml Rote-Bete-Saft · Salz*

Für das Lauchgemüse:
*½ Stange Lauch
80 ml Gemüsebrühe
1 EL kalte Butter
mildes Chilisalz
frisch geriebene Muskatnuss*

Außerdem:
*20 g flüssige braune Butter
(siehe Tipp S. 46)
4 EL frisch gehobelte Meerrettichspäne
einige Kerbelblätter zum Garnieren*

SPAGHETTI „BAVARESE" MIT ALMKAS

Zutaten für 4 Personen

Für den Sugo „bavarese":

750 g Kalbfleisch
(aus der Schulter)
2 Zwiebeln
½ Karotte
120 g Knollensellerie
1 TL Puderzucker
2 EL Tomatenmark
200 ml Rotwein
600 ml Hühnerbrühe
1 Lorbeerblatt
2 Knoblauchzehen
1 TL ganzer Kümmel
1 TL getrockneter Majoran
½–1 TL abgeriebene unbehandelte Zitronenschale
½ EL Paprikapulver (edelsüß)
mildes Chilisalz
20 g kalte Butter

Für die Nudeln:

400 g Spaghetti · Salz
3 Scheiben Ingwer
3 kleine getrocknete rote Chilischoten
1 EL mildes Olivenöl
300 ml Hühnerbrühe
4 EL geraspelter Almkäse
einige Mini-Basilikumblätter zum Garnieren

1 Für den Sugo das Fleisch in 1 cm große Würfel schneiden. Zwiebeln, Karotte und Sellerie schälen und in ½ cm große Würfel schneiden. Den Puderzucker in einen Bräter stäuben und bei milder Hitze hell karamellisieren. Das Gemüse dazugeben und 2 bis 3 Minuten andünsten. Tomatenmark dazugeben und kurz mitrösten. Wein dazugießen und sämig einkochen lassen. Mit Brühe auffüllen und das Fleisch unterrühren. Alles mit einem Blatt Backpapier bedecken und bei milder Hitze knapp unter dem Siedepunkt etwa 1 ½ Stunden weich schmoren. Dabei nach 1 Stunde Garzeit das Lorbeerblatt hinzufügen.

2 Inzwischen für das Gulaschgewürz den Knoblauch schälen und mit Kümmel, Majoran und Zitronenschale fein hacken. Das Paprikapulver mit wenig Wasser glatt rühren. Am Ende der Garzeit die Gewürzmischung und das angerührte Paprikapulver in die Sauce rühren und 5 bis 10 Minuten ziehen lassen. Den Sugo mit Chilisalz abschmecken und warm halten, das Lorbeerblatt wieder entfernen. Zuletzt die kalte Butter in kleinen Stücken dazugeben.

3 Für die Nudeln die Spaghetti in reichlich kochendem Salzwasser mit Ingwer und Chili 3 Minuten kürzer als auf der Packung angegeben garen. In ein Sieb abgießen, abtropfen lassen und auf einem Backblech verteilen. Etwas ausdampfen lassen und mit Olivenöl mischen.

4 Zum Servieren die Brühe in einer tiefen Pfanne erhitzen. Die vorgegarten Spaghetti dazugeben und etwa 2 Minuten garen, bis sie fast die gesamte Flüssigkeit aufgenommen haben. Die Spaghetti in vorgewärmten Pastatellern anrichten und den Sugo darauf verteilen. Jeweils mit 1 EL Almkäse bestreuen und mit Basilikum garnieren.

VARIANTE: Wenn es einmal schnell gehen soll, empfehle ich die Aglio-Olio-Variante (im Bild hinten). Dafür die Spaghetti wie in Step 3 beschrieben vorgaren. Dann 300 ml Brühe mit 2 fein geriebenen Knoblauchzehen, 1 TL fein geriebenem Ingwer und 1 TL in 1 cm breite Scheiben geschnittener Chilischote in einer tiefen Pfanne erhitzen. Die vorgegarten Spaghetti dazugeben und noch etwa 2 Minuten garen, bis sie fast die gesamte Flüssigkeit aufgenommen haben. Anschließend mit 2 EL Olivenöl und je 1 EL frisch geschnittenen Petersilien- und Basilikumblättern mischen und auf vorgewärmte Pastateller verteilen. Zum Servieren mit je 1 EL Almkäse bestreuen.

TAGLIATELLE „ROMEO" MIT MEER-RETTICHSAUCE UND PROSCIUTTO

Zutaten für 4 Personen

*½ Lauchstange
(v. a. der grüne Anteil)
2 Karotten
100 g Knollensellerie
1 Zwiebel
150 g Prosciutto oder
Kochschinken (in Scheiben)
½ l Gemüsebrühe
1 fein geriebene Knoblauchzehe
½ TL fein geriebener Ingwer
400 g Tagliatelle
(dünne Bandnudeln)
Salz
3 Scheiben Ingwer
100 g Sahne
2 EL Tafelmeerrettich
1 EL Dijon-Senf
1 Msp. abgeriebene unbe-
handelte Zitronenschale
mildes Chilisalz
frisch geriebene Muskatnuss
1–2 EL Petersilienblätter
(frisch geschnitten)
1 Stück Meerrettichwurzel*

1 Den Lauch putzen, gründlich waschen und abtropfen lassen. Karotten, Sellerie und Zwiebel schälen. Die Karotten längs in 3 bis 4 mm dicke Scheiben und diese in 1 ½ bis 2 cm große Rauten schneiden. Sellerie erst in 3 bis 4 mm dicke Scheiben und diese in 1 ½ bis 2 cm große Rauten schneiden. Zwiebel und Lauch ebenfalls in 1 ½ bis 2 cm große Rauten schneiden. Den Schinken in Streifen schneiden.

2 Die Brühe in einer großen tiefen Pfanne erhitzen. Karotten, Sellerie und Zwiebel dazugeben, mit einem Blatt Backpapier bedecken und knapp unter dem Siedepunkt etwa 10 Minuten garen.

3 Dann den Lauch hinzufügen, das Backpapier wieder darauflegen und das Gemüse weitere 3 bis 4 Minuten gerade weich garen. Dann alles in ein Sieb abgießen, dabei die Brühe auffangen. Das gegarte Gemüse beiseitestellen, die Brühe wieder in die Pfanne geben und Knoblauch und Ingwer unterrühren.

4 Die Tagliatelle in reichlich kochendem Salzwasser mit dem Ingwer etwa 2 bis 3 Minuten kürzer als auf der Packung angegeben garen. In ein Sieb abgießen, abtropfen lassen und den Ingwer entfernen.

5 Sahne, Meerrettich und Senf in die aufgefangene Brühe rühren und aufkochen. Die vorgegarten Tagliatelle dazugeben und 1 bis 2 Minuten garen, bis sie fast die gesamte Flüssigkeit aufgenommen haben. Das beiseitegestellte Gemüse wieder dazugeben und die Schinkenstreifen hinzufügen. Alles erhitzen und mit Zitronenschale, Chilisalz und Muskatnuss abschmecken.

6 Zum Servieren die Tagliatelle mit Petersilie mischen und auf vorgewärmte Pastateller verteilen. Etwas Meerrettich frisch darüberhobeln.

PAPPARDELLE „GIULIA" MIT RAHMSCHWAMMERLN

1 Die Zwiebel schälen und in feine Würfel schneiden. Die Brühe mit dem Lorbeerblatt in einen Topf geben, die Zwiebel hinzufügen und einige Minuten weich köcheln lassen. Die Trockenpilze dazugeben und darin knapp unter dem Siedepunkt 20 Minuten ziehen lassen.

2 Anschließend das Lorbeerblatt aus der Brühe nehmen. Die Sahne dazugeben, alles erhitzen und mit dem Stabmixer fein pürieren. Die kalte Butter in kleinen Stücken hinzufügen und mit dem Stabmixer unterrühren. Die Zitronenschale dazugeben und einige Minuten darin ziehen lassen, dann wieder entfernen. Zuletzt die Sauce mit 1 Prise Chilisalz abschmecken.

3 Die frischen Pilze putzen und trocken abreiben. Dabei Pfifferlinge gründlich putzen, falls nötig, waschen und trocken abreiben. Alle Pilze klein schneiden. Eine Pfanne bei mittlerer Temperatur erhitzen und das Öl mit einem Pinsel darin verstreichen. Die Pilze darin 1 bis 2 Minuten anbraten, mit Chilisalz, Pfeffer, 1 Prise Kümmel und Zitronenschale würzen und Knoblauch und Petersilie hinzufügen.

4 Die Pappardelle in reichlich kochendem Salzwasser mit dem Ingwer etwa 2 bis 3 Minuten kürzer als auf der Packung angegeben garen. In ein Sieb abgießen und abtropfen lassen, dabei den Ingwer entfernen.

5 Die vorgegarten Pappardelle in der Pilzsauce etwa 2 Minuten erhitzen, bis sie fast die gesamte Flüssigkeit aufgenommen haben. Zuletzt die Pilze unterziehen und noch kurz darin erhitzen.

6 Zum Servieren die Pappardelle mit den Rahmschwammerln auf vorgewärmte Pastateller verteilen und nach Belieben noch mit etwas frisch geschnittener Petersilie bestreuen.

Zutaten für 4 Personen

1 kleine Zwiebel
400 ml Gemüsebrühe
1 kleines Lorbeerblatt
4 EL getrocknete Champignons
150 g Sahne
40 g kalte Butter
1 Streifen unbehandelte Zitronenschale
mildes Chilisalz
300 g frische Pilze (z. B. Steinpilze, Pfifferlinge oder Champignons) · 1 TL Öl
Pfeffer aus der Mühle
gemahlener Kümmel
1 Msp. abgeriebene unbehandelte Zitronenschale
1 Msp. fein geriebener Knoblauch
1 EL Petersilienblätter (frisch geschnitten)
400 g Pappardelle (breite Bandnudeln)
Salz · 3 Scheiben Ingwer

Mein Tipp

Bei diesem Rezept muss man die Pilzsauce nicht mit Speisestärke binden, da die gekochten Nudeln ausreichend Stärke mitbringen. Beim Erhitzen der Nudeln in der Sauce verleiht die an ihnen anhaftende Stärke allem eine leichte Bindung, sodass die Pappardelle zuletzt mit der feinen Pilzsauce überzogen sind.

RAVIOLI „COSA NOSTRA" MIT BLUTWURST

Zutaten für 4 Personen

Für die Ravioli:

220 g doppelgriffiges Mehl
(z. B. Wiener Grießler) · 2 Eier
1 TL Öl · Salz
200 g gebrühte Blutwurst
100 g gebrühte Leberwurst
1 EL Petersilienblätter
(frisch geschnitten)
½ TL abgeriebene unbehandelte
Zitronenschale
doppelgriffiges Mehl zum
Ausrollen
1 Lorbeerblatt
3 Scheiben Ingwer
2 getrocknete rote Chilischoten
40 g braune Butter (siehe
Tipp S. 46) oder
mildes Olivenöl

Für die Kartoffelsauce:

1 mehligkochende Kartoffel
(ca. 70 g geschält)
Salz · ½ kleines Lorbeerblatt
1 kleine rote Chilischote
½ Knoblauchzehe
150 ml Gemüsebrühe
getrockneter Oregano
100 g Sahne · 1 EL kalte Butter
1 Msp. abgeriebene unbe-
handelte Zitronenschale
einige Tropfen Zitronensaft
mildes Chilisalz
frisch geriebene Muskatnuss

Außerdem:

½ Apfel · 1 TL Puderzucker
1–2 TL kalte Butter

1 Für die Ravioli Mehl, 1 Ei, Öl und 1 Prise Salz in der Küchen-maschine zu einem glatten, elastischen Nudelteig verkneten. Je nach Konsistenz ggf. noch Mehl oder Wasser hinzufügen. Den Teig in Frisch-haltefolie wickeln und mindestens 30 Minuten kühl ruhen lassen.

2 Inzwischen Blut- und Leberwurst jeweils häuten und in kleine Wür-fel schneiden. In einer Pfanne ohne Fett bei mittlerer Hitze erwärmen und mit Petersilie und Zitronenschale würzen. Vom Herd nehmen.

3 Den Nudelteig in 4 Portionen teilen und jede Portion mit der Nudel-maschine oder dem Nudelholz zu einer dünnen, langen Teigplatte aus-rollen, dabei mit etwas Mehl bestäuben. Die Teigbahnen mit Frisch-haltefolie bedecken. Das übrige Ei leicht salzen, verquirlen und 2 Teigbahnen dünn damit bestreichen. Je etwa 1 TL Blutwurstfüllung im Abstand von etwa 3 cm auf die beiden bestrichenen Teigbahnen setzen und die restlichen Teigbahnen locker und möglichst glatt darü-berlegen. Die obere Teigplatte mit den Fingern um die Füllung herum andrücken. Mit einem Ravioliausstecher oder -former gleichmäßige Ra-violi ausschneiden und die Ränder ohne Luftblasen verschließen.

4 In einem großen Topf reichlich Salzwasser mit Lorbeerblatt, Ingwer und Chili aufkochen und die Ravioli darin 3 Minuten bissfest garen. In ein Sieb abgießen und abtropfen lassen. Zum Servieren die Ravioli in einer großen Pfanne in der braunen Butter bei milder Hitze erwärmen.

5 Für die Kartoffelsauce die Kartoffel schälen, in 1 cm große Würfel schneiden und in einem kleinen Topf in Salzwasser mit Lorbeerblatt, Chilischote und Knoblauch etwa 20 Minuten weich garen. In ein Sieb abgießen und abtropfen lassen, die ganzen Gewürze wieder entfernen.

6 Die Brühe in einem Topf erhitzen. Die gekochten Kartoffelwürfel mit 1 Prise Oregano, Sahne und kalter Butter dazugeben und alles mit dem Stabmixer sämig pürieren. Mit Zitronenschale und -saft, Chilisalz und Muskatnuss abschmecken.

7 Den Apfel waschen, halbieren, entkernen und in Spalten schneiden. Den Puderzucker in eine Pfanne stäuben, die Apfelspalten dazugeben und darin anbraten. Die kalte Butter dazugeben und schmelzen lassen.

8 Zum Servieren die Kartoffelsauce auf vorgewärmte tiefe Teller ver-teilen und die Ravioli darauf anrichten. Mit den Apfelspalten garnieren und nach Belieben mit Chiliflocken und Oregano bestreuen.

KARTOFFEL-TORTELLI „TIZIANO" MIT BUNTEN SCHMORTOMATEN

Für die Kartoffel-Tortelli:
140 g Mehl
60 g Hartweizengrieß
2 Eier (Größe S)
1–2 EL mildes Olivenöl · Salz
500 g mehligkochende
Kartoffeln
70 g saure Sahne · 2 Eigelb
50 g braune Butter
(siehe Tipp S. 46)
½–1 TL abgeriebene unbe-
handelte Zitronenschale
mildes Chilisalz
frisch geriebene Muskatnuss
doppelgriffiges Mehl
zum Ausrollen
1–2 Eiweiß
80 ml Gemüsebrühe
1 Knoblauchzehe (in Scheiben)
2 Scheiben Ingwer
2 Zweige Thymian
4 EL geriebener Bergkäse

Für die bunten Schmortomaten:
200 g bunte Cocktailtomaten
50 ml Gemüsebrühe
1 Knoblauchzehe (in Scheiben)
1 EL mildes Olivenöl
1 EL Basilikumblätter
(frisch geschnitten)
mildes Chilisalz
Pfeffer aus der Mühle

1 Für die Kartoffel-Tortelli Mehl und Grieß mit Eiern, Olivenöl und 1 Prise Salz in der Küchenmaschine zu einem glatten, elastischen Nudelteig verkneten. Je nach Konsistenz ggf. noch etwas Mehl oder Wasser hinzufügen. Den Teig in Frischhaltefolie wickeln und im Kühlschrank mindestens 30 Minuten ruhen lassen.

2 Für die Füllung die Kartoffeln waschen und mit Schale in Salzwasser weich kochen. Abgießen, kurz ausdampfen lassen, heiß pellen und durch die Kartoffelpresse drücken. Saure Sahne, Eigelbe, 20 g braune Butter und Zitronenschale unterrühren und alles mit Chilisalz und Muskatnuss würzen. Die Kartoffelmasse in einen Spritzbeutel mit großer Lochtülle (8 bis 10 mm Durchmesser) füllen.

3 Den Nudelteig in 4 Portionen teilen und jede Portion mit der Nudelmaschine oder dem Nudelholz zu einer dünnen, langen Teigplatte ausrollen, dabei mit etwas Mehl bestäuben. Teigbahnen mit Frischhaltefolie bedecken. Die Eiweiße leicht salzen, verquirlen und 2 Teigbahnen dünn damit bestreichen.

4 Je etwa 1 EL Kartoffelfüllung im Abstand von etwa 3 cm auf die beiden bestrichenen Teigbahnen spritzen und die restlichen Teigbahnen locker und möglichst glatt darüberlegen. Die obere Teigplatte mit den Fingern um die Füllung herum andrücken. Mit einem runden Ausstecher (7 cm Durchmesser) Tortelli ausstechen, die Ränder ohne Luftblasen verschließen und mit einer Gabel etwas andrücken.

5 Die Tortelli in reichlich Salzwasser 3 bis 4 Minuten garen. Inzwischen die Brühe in einer Pfanne mit übriger brauner Butter, Knoblauch, Ingwer und Thymian erhitzen. Die Tortelli mit einem Schaumlöffel aus dem Wasser heben und in der warmen Gewürzbutter wenden.

6 Für die bunten Schmortomaten die Tomaten waschen und trocken tupfen. Die Brühe mit Knoblauch in eine tiefe Pfanne geben und die Tomaten darin 2 bis 3 Minuten erhitzen. Die Pfanne vom Herd nehmen, Olivenöl und Basilikum unterrühren und die Tomaten mit Chilisalz und Pfeffer abschmecken.

7 Zum Servieren die Tortelli auf vorgewärmten Tellern anrichten. Mit den bunten Schmortomaten garnieren und mit Bergkäse bestreuen.

„Kasspatzen Aostatal"
mit Fontina und Röstzwiebeln

1 Für die Röstzwiebeln die Zwiebeln schälen und in feine Ringe schneiden. Die Butter in einer Pfanne erhitzen und die Zwiebeln darin bei milder Hitze mit 1 Prise Zucker gleichmäßig bräunen. Aus der Pfanne nehmen und beiseitestellen.

2 Für den Spätzleteig das Mehl mit den Eiern, 1 TL Salz und dem Öl in der Küchenmaschine oder mit den Knethaken des Handrührgeräts 3 bis 5 Minuten kneten, bis der Teig Blasen wirft. Alternativ den Teig mit einem Kochlöffel verrühren.

3 In einem großen Topf reichlich Salzwasser mit Lorbeerblatt, Ingwer und Chilischote aufkochen. Den Spätzlehobel kurz in das Wasser tauchen, den Teig portionsweise einfüllen und die Spätzle in das siedende Wasser hobeln. Sobald die Spätzle an die Oberfläche steigen, einmal kurz aufkochen. Die Spätzle mit dem Schaumlöffel herausheben, dabei Lorbeerblatt, Ingwer und Chilischote wieder entfernen.

4 Die Spätzle mit der Brühe in eine vorgewärmte große tiefe Pfanne geben. Etwas Muskatnuss darüberreiben und einen Teil der Röstzwiebeln mit der Petersilie dazugeben. Beide Käsesorten darüberstreuen und unter Rühren langsam schmelzen lassen.

5 Zum Servieren die Käsespätzle vom Herd nehmen und mit Chilisalz abschmecken. Auf vorgewärmte tiefe Teller verteilen und mit übrigen Röstzwiebeln bestreuen.

Zutaten für 4 Personen

Für die Röstzwiebeln:
2 Zwiebeln
20 g Butter · Zucker

Für die Käsespätzle:
400 g doppelgriffiges Mehl
(z. B. Wiener Grießler)
8 Eier · Salz · 1 EL Öl
1 Lorbeerblatt
3 Scheiben Ingwer
1 kleine getrocknete rote
Chilischote
80 ml Gemüsebrühe
frisch geriebene Muskatnuss
1 EL Petersilienblätter
(frisch geschnitten)
200 g geriebener oder
gewürfelter Fontina
(nordital. Rohmilchkäse)
50 g geriebener Pecorino
mildes Chilisalz

Mein Tipp

Für überbackene Käsespätzle den Backofengrill vorheizen und eine ofenfeste Form mit 1 EL Butter einfetten. Die frisch gekochten Spätzle abwechselnd mit den Röstzwiebeln und dem Käse in die Form schichten, dabei mit Käse abschließen. Die Spätzle im Ofen auf der untersten Schiene wenige Minuten hell überbacken. Wer abgekühlte Spätzle verwendet, heizt den Ofen auf 160 °C vor und bäckt die Spätzle darin etwa 20 Minuten.

FISCH &
MEERESFRÜCHTE

FORELLE „AZZURRO" AUF KARTOFFELGEMÜSE

Zutaten für 4 Personen

Für das Kartoffelgemüse:

2 festkochende Kartoffeln
Salz · gemahlene Kurkuma
½ rote Paprikaschote
100 g Zucchini
2 Frühlingszwiebeln
4 getrocknete Tomaten (in Öl)
100 ml Gemüsebrühe
½ TL getrockneter Oregano
1 EL kleine schwarze Oliven
(ohne Stein)
1 fein geriebene Knoblauchzehe
½ TL fein geriebener Ingwer
mildes Chilisalz

Für die Forelle:

3–4 EL Weißweinessig
1 Lorbeerblatt
2 angedrückte Wacholderbeeren
2 Pimentkörner
½ TL schwarze Pfefferkörner
¼ TL Korianderkörner
1 Zacken Sternanis
3 Scheiben Ingwer
1 Knoblauchzehe (in Scheiben)
1 Stiel Petersilie
1 Streifen unbehandelte
Zitronenschale
2 kleine getrocknete rote
Chilischoten
mildes Chilisalz · Zucker
4 absolut frische Forellenfilets
(à ca. 90 g; mit Haut)

Außerdem:

Bambusdämpfkorb · Öl
2–3 EL mildes Olivenöl

1 Für das Kartoffelgemüse die Kartoffeln schälen, in etwa 1 cm große Würfel schneiden und in Salzwasser mit 1 Prise Kurkuma weich kochen. In ein Sieb abgießen und abtropfen lassen.

2 Die Paprika entkernen, waschen, mit dem Sparschäler schälen und in etwa 1 cm große Stücke schneiden. Die Zucchini putzen, waschen und in etwa 1 cm große Würfel schneiden. Die Frühlingszwiebeln putzen, waschen und mit dem Grün schräg in etwa 1 cm lange Stücke schneiden. Die Tomaten abtropfen lassen und ebenfalls in etwa 1 cm große Stücke schneiden.

3 Die Paprika mit der Brühe in einen kleinen Topf geben, mit einem Blatt Backpapier bedecken und knapp unter dem Siedepunkt 6 bis 7 Minuten garen. Zucchini, Frühlingszwiebeln und Oregano hinzufügen und alles noch 2 bis 3 Minuten weitergaren. Dann die Kartoffeln mit Tomaten und Oliven hinzufügen und alles mit Knoblauch, Ingwer und Chilisalz würzen.

4 Für die Forelle in einem großen flachen Topf 200 ml Wasser mit Essig und Gewürzen erhitzen und etwas ziehen lassen, damit sich die Gewürze entfalten können. Anschließend den Sud mit Chilisalz und etwas Zucker kräftig süßsauer abschmecken.

5 Den Dämpfkorb mit Öl einfetten und auf den Sud setzen. Die Forellenfilets mit der Hautseite nach oben in den Dämpfkorb setzen und darin 5 bis 6 Minuten dämpfen.

6 Zum Servieren das Gemüse auf vorgewärmte Teller verteilen und mit dem Olivenöl beträufeln. Je 1 Forellenfilet daraufsetzen, dazu das Filet nach Belieben in Stücke teilen, und ebenfalls mit Olivenöl beträufeln. Alles nach Belieben mit Kräutern und Meerrettichspänen garnieren.

Mein Tipp

Das ist mein bayerisch-italienisches Rezept für Forelle blau. Damit die Blaufärbung der Haut entstehen kann, muss die Forelle fangfrisch sein und beim Garen mit Säure in Berührung kommen. Üblicherweise wird sie hierfür in einem Essigsud gegart. Ich bereite den Dämpfsud mit Essig zu. Auch wenn die Forelle hierbei nicht direkt in Berührung mit Essig kommt, färbt sich die Haut durch den aufsteigenden Essigdampf. Üblicherweise serviert man die Forelle mit Haut, kann sie zum Servieren aber auch entfernen.

ZANDER „VERDI" IN PARMASCHINKEN MIT KARTOFFEL-ZITRONEN-PÜREE

Zutaten für 4 Personen

Für das Kartoffel-Zitronen-Püree:

800 g mehligkochende Kartoffeln · Salz
200 ml Milch · 1 EL Butter
1 EL braune Butter
(siehe Tipp S. 46)
abgeriebene Schale von 1 unbehandelten Zitrone
frisch geriebene Muskatnuss

Für den Zander:

4 Zanderfilets (à ca. 120 g)
4 Scheiben Parmaschinken
½ TL Öl
bunter Pfeffer aus der Mühle
mildes Chilisalz
2 EL mildes Olivenöl

1 Für das Kartoffel-Zitronen-Püree die Kartoffeln waschen und mit Schale in Salzwasser weich garen. Anschließend abgießen und kurz ausdampfen lassen, heiß pellen und durch die Kartoffelpresse drücken.

2 In einem Topf die Milch erhitzen und mit einem Kochlöffel unter die durchgepressten Kartoffeln rühren. Die Butter und die braune Butter ebenfalls untermischen. Zuletzt die Zitronenschale unterrühren und das Püree mit Salz und Muskatnuss würzen.

3 Für den Zander die Filets waschen, trocken tupfen und jeweils mit 1 Scheibe Parmaschinken umwickeln. Eine Pfanne bei mittlerer Temperatur erhitzen und das Öl mit einem Pinsel darin verstreichen. Die Zanderfilets darin auf beiden Seiten je 2 bis 3 Minuten anbraten. Die Pfanne vom Herd nehmen und den Fisch in der Nachhitze der Pfanne saftig durchziehen lassen. Etwas Pfeffer darübermahlen und ggf. mit Chilisalz leicht würzen.

4 Zum Servieren jeweils etwas Kartoffel-Zitronen-Püree auf vorgewärmte Teller verteilen und die Zanderfiletstücke danebensetzen. Mit dem Olivenöl beträufeln.

Mein Tipp

Da der Schinken reichlich Salz enthält, bestreue ich den Fisch zunächst nicht mit Salz. Nur bei Bedarf, zum Beispiel wenn die Fischfilets besonders dick sind, würze ich eventuell mit etwas Salz. Noch lieber verwende ich mildes Chilisalz, das auch noch etwas Schärfe an das Gericht abgibt.

SEESAIBLING „MALCESINE" MIT FENCHEL-ORANGEN-SALAT

1 Für den Fenchel-Orangen-Salat die Orangen mit einem scharfen Messer so großzügig schälen, dass auch die weiße Haut mit entfernt wird. Dann die Filets zwischen den Trennhäuten herausschneiden, dabei den austretenden Saft auffangen. Die Reste von den Orangen mit den Händen nochmals gut ausdrücken und den Saft auffangen.

2 Den Fenchel putzen, waschen und fein hobeln, das Fenchelgrün klein schneiden. Den gehobelten Fenchel mit etwas Chilisalz und 1 Prise Zucker würzen und noch einige Minuten ziehen lassen.

3 Für die Marinade den Essig mit aufgefangenem Orangensaft und Zitrusschalen verrühren und unter den Fenchel mischen. Das Fenchelgrün mit den Orangenfilets, Rosinen, Kapern und Pistazien hinzufügen. Zuletzt das Olivenöl untermischen und den Salat ggf. mit etwas Salz nachwürzen.

4 Für den Seesaibling die Fischfilets waschen, trocken tupfen und halbieren. Etwas Öl in einer Pfanne erhitzen. Die Fischfilets jeweils mit der Hautseite in doppelgriffiges Mehl tauchen und in der Pfanne auf der Hautseite bei mittlerer Hitze etwa 3 Minuten kross braten. Dann die Fischfilets wenden, die Pfanne vom Herd nehmen und den Fisch in der Nachhitze der Pfanne saftig und glasig durchziehen lassen. Auf Küchenpapier abtropfen lassen und mit Chili-Vanille-Salz würzen.

5 Zum Servieren den Fenchel-Orangen-Salat auf vorgewärmte Teller verteilen, mit den Granatapfelkernen bestreuen und den Fisch mit der Hautseite nach oben danebensetzen.

Zutaten für 4 Personen

Für den Fenchel-Orangen-Salat:
4 Orangen
1 große Fenchelknolle
(mit Grün)
mildes Chilisalz · Zucker
1 TL Weißweinessig
je 1 Msp. abgeriebene
unbehandelte Zitronen- und
Orangenschale
je 1 EL Rosinen, Kapern und
Pistazienkerne
2 EL mildes Olivenöl · Salz
1 EL Granatapfelkerne

Für den Seesaibling:
4 Seesaiblingsfilets
(à ca. 110 g; mit Haut)
1 EL Öl
2 EL doppelgriffiges Mehl
(z. B. Wiener Grießler)
rot-grünes Chili-Vanille-Salz
(ersatzweise mildes Chilisalz)

Mein Tipp

Bei Fenchelknollen lässt sich im Gegensatz zu den meisten anderen Gemüsesorten der Strunk ausgezeichnet mitverzehren. Er ist zwar fest, jedoch nicht holzig oder faserig. Lediglich die holzigen, stielartigen Blattauswüchse sollte man entfernen. Das Fenchelgrün können Sie hervorragend anstelle von Kräutern verwenden.

ROTBARBE „BARBAROSSA" IM SÜSSSAUREN WURZELSUD

Zutaten für 4 Personen

Für den süßsauren Wurzelsud:
2 Zwiebeln · 1 Karotte
150 g Knollensellerie
1 EL Puderzucker
¾ l Gemüsebrühe
1 Lorbeerblatt
½ – 1 TL Senfkörner
5 Wacholderbeeren
5 Pimentkörner
1 TL schwarze Pfefferkörner
1 Streifen unbehandelte
Zitronenschale
1 Scheibe Ingwer
2 Scheiben Knoblauch
4 EL Weißweinessig
Salz · ca. ½ TL Zucker
30 g kalte Butter
mildes Chilisalz

Für die Rotbarben:
8 Rotbarbenfilets (à 50–60 g)
½ TL Öl

Außerdem:
1 EL Schnittlauchröllchen

1 Für den Wurzelsud Zwiebeln schälen und feine Streifen scheiden. Karotte und Sellerie schälen und in möglichst dünne Streifen schneiden. Den Puderzucker in einen Topf stäuben und bei milder Hitze hell karamellisieren. Zwiebeln, Karotte und Sellerie dazugeben und kurz andünsten.

2 Alles mit Brühe aufgießen, das Lorbeerblatt dazugeben und die Senfkörner einstreuen. Wacholderbeeren, Piment- und Pfefferkörner in einen Einwegteebeutel geben, verschließen und zum Sud geben. Den Sud knapp unter dem Siedepunkt 10 Minuten ziehen lassen. Dann Zitronenschale, Ingwer, Knoblauch und Essig hinzufügen und den Sud mit Salz und Zucker abschmecken. Vom Herd nehmen und abkühlen lassen, die ganzen Gewürze wieder entfernen.

3 Für die Sauce 200 ml Sud in einen kleinen Topf abgießen, die kalte Butter in kleinen Stücken dazugeben und mit dem Stabmixer unterrühren. Die Sauce mit Chilisalz abschmecken. Den übrigen Sud mit dem Gemüse in eine große tiefe Pfanne geben und knapp unter dem Siedepunkt warm halten.

4 Für den Fisch die Rotbarbenfilets waschen und trocken tupfen. Eine große Pfanne bei mittlerer Temperatur erhitzen und das Öl mit einem Pinsel darin verstreichen. Die Fischfilets darin auf der Hautseite 2 bis 3 Minuten anbraten. Dann mit der Hautseite nach oben auf das Gemüse in den Sud setzen und ohne Deckel knapp unter dem Siedepunkt etwa 2 Minuten durchziehen lassen.

5 Die Rotbarbenfilets und das Wurzelgemüse mit dem Schaumlöffel aus dem Sud nehmen, abtropfen lassen und auf vorgewärmten tiefen Tellern anrichten. Die Sauce mit dem Stabmixer nochmals aufschäumen und darum herumverteilen. Zum Servieren alles mit den Schnittlauchröllchen bestreuen. Dazu passen Kartoffeln.

SEEZUNGE „CARUSO" AUF KRÄUTER-RAHM-SPINAT

1 Für den Kräuter-Rahm-Spinat die Spinatblätter verlesen, waschen und trocken schütteln, dabei grobe Stiele entfernen. Die Brühe mit der Sahne in einem Topf aufkochen. Gut die Hälfte vom Spinat dazugeben und darin kurz erhitzen. Dann den Spinat mit Brühe und Sahne in einen hohen Rührbecher geben und alles mit dem Stabmixer pürieren.

2 Den pürierten Rahmspinat wieder in den Topf gießen und die restlichen ganzen Spinatblätter mit den Kräutern hinzufügen. Knoblauch und Vanille dazugeben und einige Minuten ziehen lassen, dann wieder entfernen. Zuletzt den Rahmspinat mit Salz, 1 Prise Chiliflocken und Muskatnuss würzen.

3 Für die Seezunge die Fischfilets waschen und trocken tupfen. Eine Pfanne bei mittlerer Temperatur erhitzen und etwas braune Butter mit einem Pinsel darin verstreichen. Den Fisch in der Pfanne auf jeder Seite 1 bis 2 Minuten anbraten.

4 Die Pfanne vom Herd nehmen und den Fisch in der Nachhitze der Pfanne noch etwas nachziehen lassen. Die übrige braune Butter hinzufügen und die Filets mit Chilisalz und Zitronenschale würzen.

5 Zum Servieren den Kräuter-Rahm-Spinat auf vorgewärmte Teller verteilen und die Seezungenfilets drauflegen. Dazu passen Kartoffeln.

Zutaten für 4 Personen

Für den Kräuter-Rahm-Spinat:
800 g Blattspinat
ca. 50 ml Gemüsebrühe
200 g Sahne
4 EL gemischte Kräuterblätter
(z. B. Bärlauch, Basilikum, Dill,
Kerbel, Petersilie; frisch
geschnitten)
1 Knoblauchzehe (in Scheiben)
½ ausgekratzte Vanilleschote
Salz · milde Chiliflocken
frisch geriebene Muskatnuss

Für die Seezunge:
400 g Seezungenfilets
20 g braune Butter
(siehe Tipp S. 46)
mildes Chilisalz
1 Msp. abgeriebene unbehandelte Zitronenschale

Mein Tipp

Die Fischfilets sind zwar enthäutet, ich lege sie aber trotzdem zuerst auf der festeren, leicht farbigen „Hautseite" in die Pfanne. Denn diese rollt sich beim Braten deutlich ein. Beginnt man den Bratvorgang auf der festen Seite, braten die Filets insgesamt schöner.

ZUCCHINIBLÜTEN „PRIMAVERA" MIT GARNELEN

Zutaten für 4 Personen

Für die Zucchiniblüten:

120 g Jakobsmuscheln
(3–4 Stück; ausgelöste Nüsse)
4 geschälte Garnelen (ca. 120 g)
¼ rote Peperoni-Schote
1 TL Dillspitzen
(frisch geschnitten)
mildes Chilisalz
8 Zucchiniblüten · 1 EL Olivenöl
rot-grünes Chili-Vanille-Salz
(ersatzweise mildes Chilisalz)

Für die Garnelen:

4 Riesengarnelen · ½ TL Öl
1 EL flüssige braune Butter
(Tipp S. 46) · 2 Zimtsplitter
1 Stück Vanilleschote (ca. 3 cm)
2 grüne Kardamomkapseln
1 Knoblauchzehe (in Scheiben)
2 Scheiben Ingwer
je 1 Msp. abgeriebene unbehandelte Zitronen- und
Orangenschale
mildes Chilisalz

Für die Liebstöckelremoulade:

1 kleine Essiggurke
1 hart gekochtes Ei
1 EL Kapern · 100 g Schmand
4 EL Buttermilch
1 TL scharfer Senf
2 EL Petersilien- und 2 Liebstöckelblätter (frisch geschnitten)
1 TL Zitronensaft
1 Msp. abgeriebene unbehandelte Zitronenschale · Zucker
Salz · mildes Chilipulver

1 Für die Zucchiniblüten die Jakobsmuscheln waschen und trocken tupfen. Die Garnelen am Rücken entlang nicht zu tief einschneiden und den Darm herausziehen. Anschließend die Garnelen waschen, trocken tupfen und mit den Jakobsmuscheln in sehr kleine Würfel schneiden. Die Peperoni längs halbieren, entkernen, waschen und ebenfalls in kleine Würfel schneiden. Jakobsmuscheln, Garnelen und Peperoni mischen und die Füllmasse mit Dill und 1 Prise Chilisalz würzen.

2 Den Dampfgarer auf 80 °C vorheizen. Von den Zucchiniblüten jeweils den Blütenstempel entfernen. Die Füllung mit einem Teelöffel in die Zucchiniblüten geben und diese vorsichtig verschließen, dazu die Blütenblätter am oberen Ende verdrehen. Die Zucchiniblüten im Dampfgarer etwa 8 Minuten dämpfen (siehe Tipp). Herausnehmen, mit dem Olivenöl bestreichen und mit Chili-Vanille-Salz würzen.

3 Für die Garnelen die Riesengarnelen bis auf das Schwanzende schälen, entdarmen (siehe oben), waschen und trocken tupfen. Dann am dicken Ende etwa bis zur Hälfte einschneiden. Eine Pfanne bei mittlerer Temperatur erhitzen und das Öl mit einem Pinsel darin verstreichen. Die Garnelen darin auf einer Seite 1 bis 2 Minuten anbraten, wenden und noch etwa 1 Minute braten. Die Pfanne vom Herd nehmen und die Garnelen in der Nachhitze der Pfanne noch etwa 1 Minute ziehen lassen. Dann die braune Butter über die Garnelen träufeln, Zimt, Vanille, angedrückten Kardamom, Knoblauch und Ingwer dazugeben und alles mit Zitronen- und Orangenschale und Chilisalz würzen.

4 Für die Liebstöckelremoulade die abgetropfte Essiggurke mit dem gepellten Ei in kleine Würfel schneiden. Die Kapern grob hacken. Den Schmand mit Buttermilch und Senf glatt rühren. Kräuter, Essiggurke, Ei und Kapern dazugeben und die Remoulade mit Zitronensaft und -schale, 1 Prise Zucker, Salz und Chilipulver abschmecken.

5 Zum Servieren die Zucchiniblüten längs halbieren und je 2 leicht geöffnet auf vorgewärmte Teller setzen. Je 1 gebratene Garnele danebenlegen und die Liebstöckelremoulade darum herumträufeln. Nach Belieben mit Kräuterblättern garnieren.

Mein Tipp

Wer keinen Dampfgarer besitzt, kann die Forellenfilets auch in einem Topf mit Dämpfeinsatz über Salzwasser zubereiten.

VENUSMUSCHELN „MILO" IN RIESLINGSUD

Zutaten für 4 Personen

1 kleine weiße Zwiebel
1 Karotte
1 Stange Staudensellerie
50 g Lauch
50 ml Weißwein (z. B. Riesling)
¼ l Gemüsebrühe
1 kleines Lorbeerblatt
1 Streifen unbehandelte Zitronenschale
1 Knoblauchzehe (in Scheiben)
1 mittelscharfe Chilischote
30 g kalte Butter
1 EL Petersilienblätter (frisch geschnitten)
Salz · Pfeffer aus der Mühle
1 ½ kg Venusmuscheln (küchenfertig)

1 Die Zwiebel und die Karotte schälen, die Zwiebel vierteln und quer in Streifen schneiden, die Karotte auf einem feinen Hobel in dünne Scheiben schneiden. Den Sellerie putzen, waschen und in dünne Scheiben schneiden. Den Lauch putzen, waschen und quer in feine Streifen schneiden.

2 Das Gemüse in einem Topf bei milder Hitze ohne Fett andünsten, mit Wein ablöschen und etwas einkochen lassen. Dann mit Brühe aufgießen und Lorbeerblatt, Zitronenschale, Knoblauch und Chilischote dazugeben. Mit einem Blatt Backpapier bedecken und das Ganze knapp unter dem Siedepunkt 5 Minuten ziehen lassen. Dann die ganzen Gewürze wieder entfernen.

3 Anschließend den Sud durch ein Sieb in einen hohen Rührbecher gießen, die kalte Butter in kleinen Stücken dazugeben und mit dem Stabmixer unterrühren. Den Sud mit dem Gemüse zurück in den Topf geben, die Petersilie hinzufügen und alles mit Salz und Pfeffer abschmecken. Warm halten.

4 Die Muscheln gründlich waschen, dabei bereits geöffnete Exemplare aussortieren. In einem Topf etwa 200 ml Salzwasser bei mittlerer Temperatur erhitzen und die Muscheln darin mit geschlossenem Deckel nur so lange dämpfen, bis sie sich geöffnet haben (etwa 2 Minuten). Dann mit dem Schaumlöffel aus dem Topf nehmen, dabei noch geschlossene Exemplare ebenfalls entfernen.

5 Zum Servieren die Muscheln mit dem Gemüse und dem Rieslingsud mischen und in vorgewärmten tiefen Tellern anrichten. Dazu passt geröstetes Weißbrot.

Mein Tipp

Anstatt der Venusmuscheln können Sie auch andere Muschelsorten, wie beispielsweise Miesmuscheln, auf dieselbe Art zubereiten.

SEETEUFEL „PARADISO" AUF SCHNITTLAUCHGRAUPEN

Zutaten für 4 Personen

Für die Schnittlauchgraupen:

1 kleine Zwiebel
1 Lorbeerblatt
2 Gewürznelken · Salz
½ TL gemahlene Kurkuma
100 g Perlgraupen
100 ml Gemüsebrühe
1 Knoblauchzehe (in Scheiben)
2 Scheiben Ingwer
1 Streifen unbehandelte
Zitronenschale
¼ TL Räucherpaprika (Piment
de la Vera picante)
Pfeffer aus der Mühle
je 1 EL kalte und braune
Butter (siehe Tipp S. 46)
2 EL Schnittlauchröllchen

Für den Seeteufel:

je 1 TL Fenchelsamen, ganzer
Kümmel, Zimtsplitter, Kori-
ander- und schwarze Pfefferkörner für die Gewürzmühle
500 g Seeteufelfilet · ½ TL Öl
1–2 EL mildes Olivenöl
mildes Chilisalz

1 Für die Schnittlauchgraupen die Zwiebel schälen und das Lorbeerblatt mit den Gewürznelken darauf feststecken. Etwa 2 l Wasser in einem Topf aufkochen und die gespickte Zwiebel dazugeben, mild salzen und die Kurkuma hinzufügen. Dann die Graupen einstreuen und 30 bis 40 Minuten garen. Anschließend in ein Sieb abgießen, kalt abschrecken und abtropfen lassen, die ganzen Gewürze wieder entfernen.

2 Für den Seeteufel die Gewürze in die Gewürzmühle füllen. Den Seeteufel aus dem Kühlschrank nehmen und etwa 20 Minuten Zimmertemperatur annehmen lassen. Dann das Fischfilet waschen, trocken tupfen und schräg in Medaillons schneiden.

3 Eine Pfanne bei mittlerer Temperatur erhitzen und das Öl mit einem Pinsel darin verstreichen. Die Seeteufelmedaillons darin bei mittlerer Hitze auf jeder Seite etwa 2 Minuten braten. Mit der Mischung aus der Gewürzmühle würzen, die Pfanne vom Herd nehmen und den Fisch in der Nachhitze noch 1 Minute durchziehen lassen. Die Medaillons mit Olivenöl beträufeln und zuletzt mit Chilisalz würzen, warm halten.

4 Die Brühe in eine große tiefe Pfanne geben. Knoblauch, Ingwer, Zitronenschale, Räucherpaprika und etwas schwarzen Pfeffer hinzufügen. Die gegarten Graupen dazugeben und darin erhitzen. Zuletzt die braune Butter, die kalte Butter und den Schnittlauch hineinrühren und die Graupen nach Bedarf mit Salz nachwürzen.

5 Zum Servieren die Schnittlauchgraupen auf vorgewärmte Teller verteilen und die Seeteufelmedaillons darauf anrichten.

Mein Tipp

Würzen Sie die Graupen unbedingt mit schwarzem Pfeffer. Kurkuma bekommt in Verbindung damit eine höhere Wertigkeit für den Körper. Die Graupen lassen sich statt mit Kurkuma und Schnittlauch auch zur Abwechslung mit Safran und Thymian würzen. Damit sich der Safran optimal entfalten kann, weiche ich ihn vorher 5 bis 10 Minuten in 2 bis 3 EL warmer Gemüsebrühe ein. Passend zu den Thymian-Safran-Graupen würze ich auch den Seeteufel etwas anders: statt mit Kümmel nur mit etwas mildem Chilisalz und 1 Msp. ausgekratztem Vanillemark.

WOLFSBARSCH „ROCCO GRANATA" MIT SCHWARZWURZELN

1 Für den Wolfbarsch das Fischfilet waschen, trocken tupfen und jeweils in 4 gleich große Stücke schneiden. Eine Pfanne bei mittlerer Temperatur erhitzen und das Öl mit einem Pinsel darin verstreichen. Die Fischfilets auf der Hautseite in die Pfanne legen und 3 bis 4 Minuten kross anbraten. Die Fischfilets wenden, die Pfanne vom Herd nehmen und die Fischfilets in der Nachhitze der Pfanne glasig durchziehen lassen. Anschließend auf Küchenpapier abtropfen lassen und mit Chilisalz würzen.

2 Für das Gemüse den Dampfgarer auf 80 °C vorheizen. Vom Rosenkohl die äußeren Blätter entfernen und die einzelnen Blätter ablösen. Den Rosenkohl in kochendem Salzwasser 1 bis 2 Minuten bissfest blanchieren, in ein Sieb abgießen, kalt abschrecken und abtropfen lassen.

3 Die Schwarzwurzeln unter fließendem Wasser gründlich bürsten, schälen und in Zitronenwasser (1 l Wasser mit dem Zitronensaft mischen) einlegen, damit sie sich nicht dunkel verfärben. Kurz vor dem Garen längs halbieren und schräg in etwa 3 cm lange Stücke schneiden.

4 Die Karotte putzen, schälen, längs halbieren und schräg in ½ bis 1 cm breite Scheiben schneiden. Die Schwarzwurzeln und die Karotte im Dampfgarer (oder im Topf mit Dämpfeinsatz) über Salzwasser 5 bis 8 Minuten bissfest dämpfen.

5 Die Brühe in eine große tiefe Pfanne geben, Rosenkohlblätter, Schwarzwurzeln, Karotte, Knoblauch, Ingwer, Zimt, Vanille und Orangenschale hinzufügen und leicht erhitzen. Alles mit Chilisalz, Pfeffer und 1 Prise Muskatnuss würzen und zum Schluss die braune Butter untermischen.

6 Zum Servieren das Gemüse auf vorgewärmte Teller verteilen, den Wolfsbarsch daneben anrichten und mit dem Olivenöl beträufeln.

Zutaten für 4 Personen

Für den Wolfsbarsch:
500 g Wolfsbarschfilet
(mit Haut)
1 TL Öl
mildes Chilisalz

Für das Gemüse:
100 g Rosenkohl · Salz
Saft von 1 Zitrone
4 Schwarzwurzeln · 1 Karotte
100 ml Gemüsebrühe
1 Knoblauchzehe (in Scheiben)
2 Scheiben Ingwer
½ Zimtrinde
½ ausgekratzte Vanilleschote
1 Streifen unbehandelte
Orangenschale
mildes Chilisalz
Pfeffer aus der Mühle
frisch geriebene Muskatnuss
1–2 EL braune Butter
(siehe Tipp S. 46)

Außerdem:
1–2 EL mildes Olivenöl

Mein Tipp

Aus den Schwarzwurzeln tritt beim Schälen weißer Fruchtsaft aus, der auf der Haut sowie an der Kleidung dunkle Flecken hinterlässt. Deswegen die Schwarzwurzeln immer nur mit Einweghandschuhen verarbeiten und dabei am besten zusätzlich eine Küchenschürze tragen.

GEFLÜGEL & FLEISCH

HENDLHAXEN „TOMBA, LA BOMBA" MIT PEPERONI-GEMÜSE

Zutaten für 4 Personen

Für die Hendlhaxen:

16 fleischige, große Hähnchen-unterschenkel (ca. 1,8 kg)
Salz · 50 g flüssige Butter
1 geh. TL Brathähnchengewürz

Für das Peperoni-Gemüse:

2 rote milde Gemüse-Peperoni-oder Spitzpaprikaschoten
je 1 grüne und gelbe milde Gemüse-Peperoni-Schote
80 ml Gemüsebrühe
1 Stück Vanilleschote (ca. 3 cm)
1 fein geriebene Knoblauchzehe
½ TL fein geriebener Ingwer
Salz · 1 EL mildes Olivenöl

Für die Tomatensauce:

je ½ Zwiebel und kleine Karotte (ca. 30 g geschält)
1 Pfirsichhälfte (ca. 75 g; aus der Dose)
½ TL Puderzucker
1 TL Tomatenmark
400 g passierte Tomaten (aus der Dose)
1 fein geriebene Knoblauchzehe
getrockneter Oregano
80 ml Gemüsebrühe
mildes Chilisalz

Außerdem:

einige Mini-Basilikumblätter zum Garnieren

1 Für die Hendlhaxen den Backofen auf 200 °C vorheizen. Die Hähn-chenunterschenkel waschen, trocken tupfen, salzen und auf ein mit Backpapier belegtes Backblech setzen. Die flüssige Butter mit 1 Prise Salz verrühren. Die Haxen im Ofen auf der mittleren Schiene 40 Minu-ten braten, dabei immer wieder mit der Salzbutter bestreichen.

2 Am Ende der Garzeit das Brathähnchengewürz mit der restlichen Salzbutter verrühren. Das Fleisch aus dem Ofen nehmen, mit der Würz-butter bestreichen und im Ofen noch 1 bis 2 Minuten bräunen. Heraus-nehmen und warm halten.

3 Inzwischen für das Peperoni-Gemüse die Peperoni halbieren, ent-kernen, waschen und schräg in etwa 3 cm große Stücke schneiden. Mit der Brühe in einen Topf geben, mit einem Blatt Backpapier bedecken und knapp unter dem Siedepunkt 8 bis 10 Minuten weich garen.

4 Dann Vanille, Knoblauch und Ingwer hinzufügen und 2 bis 3 Minu-ten ziehen lassen. Zuletzt das Peperoni-Gemüse salzen und das Oliven-öl dazugeben, Ingwer und Vanille wieder entfernen.

5 Für die Tomatensauce die Zwiebel und Karotte schälen und in feine Würfel schneiden. Den Pfirsich abtropfen lassen und in feine Würfel schneiden. Den Puderzucker in einen Topf stäuben, bei milder Hitze hell karamellisieren und Zwiebel und Karotte darin wenige Minuten an-dünsten. Das Tomatenmark dazugeben und kurz mitrösten. Passierte Tomaten hinzufügen und aufkochen. Knoblauch und 1 Prise Oregano hinzufügen, die Brühe dazugießen und alles 10 bis 15 Minuten köcheln lassen. Zuletzt die Pfirsichwürfel dazugeben und die Tomatensauce mit Chilisalz abschmecken.

6 Zum Servieren die Tomatensauce auf vorgewärmten Tellern anrich-ten, das Peperoni-Gemüse darauf verteilen und die Hendlhaxen dar-aufsetzen. Mit Basilikum garnieren.

Mein Tipp

Das Peperoni-Gemüse und die Tomatensauce schmecken nicht nur zu den Hendlhaxen. Auch als Beilage zu Puten- oder Lammfleisch oder zu Fischgerichten passt beides ausgezeichnet.

BACKHENDL „VIENNA" MIT ITALIENISCHEM KARTOFFELSALAT

Zutaten für 4 Personen

Für den italienischen Kartoffelsalat:

800 g vorwiegend festkochende
Kartoffeln · Salz
1 kleine Zwiebel
je 1 rote und grüne Spitz-
paprikaschote
300 ml Hühnerbrühe
50 g getrocknete Tomaten
(in Öl)
50 g schwarze oder grüne
Oliven (ohne Stein)
1 Bund Rucola
2–3 EL Weißweinessig
1–2 TL scharfer Senf
mildes Chilisalz
Pfeffer aus der Mühle · Zucker
3 EL mildes Olivenöl

Für das Backhendl:

150 g Naturjoghurt
1 EL Brathähnchengewürz
Salz
4 Hähnchenbrustfilets
(à 120–150 g)
150 g Weißbrotbrösel
Öl zum Braten

1 Für den italienischen Kartoffelsalat die Kartoffeln waschen und mit Schale in Salzwasser weich garen. Abgießen und kurz ausdampfen lassen, möglichst heiß pellen und in dünne Scheiben schneiden. Kartoffelscheiben in eine Schüssel geben und noch heiß weiterverarbeiten.

2 Inzwischen die Zwiebel schälen, in feine Würfel schneiden und in einer Pfanne in etwa 100 ml Wasser einige Minuten weich köcheln, bis die Flüssigkeit verdampft ist. Die Paprika halbieren, entkernen, waschen und in 1 ½ bis 2 cm große Rauten schneiden. Paprika mit 80 ml Brühe in einen Topf geben, mit einem Blatt Backpapier bedecken und knapp unter dem Siedepunkt 6 bis 8 Minuten garen. Dann die Paprikarauten mit Sud zu den Kartoffelscheiben in die Schüssel geben.

3 Die Tomaten abtropfen lassen und in Streifen schneiden, die Oliven vierteln. Den Rucola verlesen, waschen, trocken schütteln und mit den Stielen klein schneiden. Die übrige Brühe in einem Topf erhitzen, mit Essig und Senf verrühren und mit Chilisalz, Pfeffer und Zucker würzen. 1 Handvoll warme Kartoffelscheiben dazugeben und mit dem Stabmixer unterrühren. Das Dressing nach und nach unter die übrigen Kartoffelscheiben mischen, bis die Flüssigkeit vollständig gebunden ist. Dann Olivenöl, Zwiebel, Tomaten, Oliven und Rucola untermischen.

4 Für das Backhendl den Joghurt in einer Schüssel mit dem Brathähnchengewürz glatt rühren und mit Salz abschmecken. Die Hähnchenbrustfilets waschen, trocken tupfen und schräg in je 3 bis 4 Scheiben schneiden. Dann mit dem Würzjoghurt mischen.

5 Die Weißbrotbrösel in einen tiefen Teller geben und die Hähnchenstücke darin wenden, dabei die Panade nicht zu fest andrücken. Das Öl fingerbreit hoch in eine Pfanne geben, erhitzen und die Hähnchenstücke darin bei mittlerer Hitze auf jeder Seite etwa 3 Minuten knusprig goldbraun braten. Herausnehmen und auf Küchenpapier abtropfen lassen.

6 Zum Servieren den italienischen Kartoffelsalat auf vorgewärmte Teller verteilen und die Backhendlstücke daraufsetzen.

Mein Tipp

Nach Belieben können Sie die Hähnchenbruststücke auch über Nacht im Würzjoghurt marinieren lassen. Wer möchte, mischt noch 1 bis 2 TL gehackte Kapern unter den italienischen Kartoffelsalat.

PERLHUHN „CHICKERIA"
AUF CHICORÉE-SPINAT-GEMÜSE

1 Für das Perlhuhn den Backofen auf 100 °C vorheizen. Ein Ofengitter auf die zweite Schiene von unten, darunter ein Abtropfblech schieben.

2 Die Perlhuhnbrustfilets waschen und trocken tupfen. Eine Pfanne bei mittlerer Temperatur erhitzen und das Öl mit einem Pinsel darin verstreichen. Die Perlhuhnbrustfilets darin auf der Hautseite bei mittlerer Hitze 3 bis 4 Minuten knusprig anbraten. Das Fleisch wenden und kurz auf der Fleischseite ziehen lassen. Dann die Perlhuhnbrustfilets auf das Ofengitter setzen und im Ofen etwa 25 Minuten fertig garen.

3 Inzwischen die braune Butter in einer Pfanne erwärmen, die Kräuter hineinstreuen und mit Chilisalz würzen. Zum Servieren die Perlhuhnbrustfilets kurz in der Kräuterbutter wenden.

4 Für das Chicorée-Spinat-Gemüse die Zwiebel schälen und in feine Würfel schneiden. Den Chicorée in einzelne Blätter teilen, dabei jeweils den Strunk entfernen. Die Blätter waschen, trocken schütteln und quer in 1 bis 2 cm breite Streifen schneiden. Spinatblätter verlesen, waschen und trocken schütteln, dabei ggf. grobe Stiele entfernen.

5 Den Puderzucker in eine Pfanne stäuben und die Zwiebel darin andünsten. Chicorée und Brühe mit Knoblauch, Ingwer, Zitronenschale und Vanille hinzufügen und 2 Minuten andünsten. Den Spinat dazugeben und in der Pfanne kurz zusammenfallen lassen. Zuletzt die kalte Butter hinzufügen und alles mit Chilisalz, Pfeffer und Muskatnuss würzen.

6 Zum Servieren die Feigen waschen und vierteln. Das Chicorée-Spinat-Gemüse auf vorgewärmte Teller verteilen und die Perlhuhnbrustfilets danebensetzen. Mit den Feigenspalten garnieren.

Mein Tipp

Wer den bitteren Geschmack des Chicorées gern etwas mildern möchte, legt die Blätter vor der Zubereitung etwa 20 Minuten in lauwarmes Wasser. Dann treten die Bitterstoffe aus dem Salat in das Wasser aus.

Zutaten für 4 Personen

Für das Perlhuhn:
4 Perlhuhnbrustfilets
(à ca. 120 g; mit Haut)
½–1 TL Öl
20 g braune Butter
(siehe Tipp S. 46)
1 TL gemischte Kräuter
(z. B. Dill, Kerbel, Petersilie; frisch geschnitten)
mildes Chilisalz

Für das Chicorée-Spinat-Gemüse:
1 Zwiebel · 2 Chicorée
300 g Baby- oder Blattspinat
½ TL Puderzucker
70 ml Gemüsebrühe
1 Knoblauchzehe (in Scheiben)
2 Scheiben Ingwer
1 Streifen unbehandelte Zitronenschale
1 Stück Vanilleschote (ca. 3 cm)
1 EL kalte Butter
mildes Chilisalz
Pfeffer aus der Mühle
frisch geriebene Muskatnuss

Außerdem:
4 frische Feigen

REIBERDATSCHI „GARIBALDI" MIT HENDL

Zutaten für 4 Personen

Für das Hendl:

1 kleine Zwiebel
1 Lorbeerblatt · 1 Gewürznelke
1 ½–2 l Hühnerbrühe
3 Wacholderbeeren
½ TL schwarze Pfefferkörner
1 Knoblauchzehe (in Scheiben)
2 Scheiben Ingwer
1 getrocknete rote Chilischote
4 Hähnchenkeulen (à ca. 250 g;
ohne Haut) · 1 Liebstöckelblatt
1 EL Puderzucker
100 ml trockener Weißwein
200 g Sahne
2 TL Speisestärke
½ TL Dijon-Senf
1 EL kalte Butter · Salz
mildes Chilipulver
1 EL gemischte Kräuterblätter
(z. B. Dill, Estragon, Kerbel,
Petersilie)

Für die Karotten:

12 Mini-Karotten
50 ml Hühnerbrühe
frisch geriebene Muskatnuss
1 TL kalte Butter

Für die Reiberdatschi:

400 g vorwiegend festkochende
Kartoffeln · 2 Eigelb
je ¼ kleine Zucchino und rote
Paprikaschote (in Würfeln)
½ TL getrockneter Oregano
Pfeffer aus der Mühle
frisch geriebene Muskatnuss
mildes Chilisalz · 1 EL Öl

1 Für das Hendl die Zwiebel schälen, das Lorbeerblatt mit der Gewürznelke darauf feststecken. In einem Topf die Brühe mit der gespickten Zwiebel, Wacholderbeeren, Pfefferkörnern, Knoblauch, Ingwer und Chilischote aufkochen.

2 Die Hähnchenkeulen waschen, trocken tupfen und in den Sud legen (sie sollen damit vollständig bedeckt sein). Die Keulen knapp unter dem Siedepunkt ¾ bis 1 Stunde gar ziehen lassen. Dabei das Liebstöckelblatt 10 Minuten vor Garzeitende dazugeben und darin ziehen lassen, dann wieder entfernen. Die Hähnchenkeulen herausnehmen, etwas abkühlen lassen und in Muskelsegmente teilen. 200 ml Fond für die Sauce abnehmen (Rest anderweitig verwenden).

3 Für die Sauce den Puderzucker in einen Topf stäuben und bei milder Hitze hell karamellisieren. Mit dem Wein ablöschen und auf ein Drittel einköcheln lassen. Den abgenommenen Hühnerfond und die Sahne dazugießen und alles einmal aufkochen. Die Stärke in wenig kaltem Wasser glatt rühren, in die Sauce geben und köcheln lassen, bis diese sämig bindet. Den Senf und die kalte Butter mit dem Stabmixer unterrühren, die Sauce mit Salz und 1 Prise Chilipulver würzen. Die Kräuter dazugeben und mit dem Stabmixer unterrühren. Dann das Hähnchenfleisch hinzufügen und das Hähnchenragout warm halten.

4 Die Karotten putzen, dabei das Grün bis auf 1 cm entfernen. Die Karotten schälen, nach Belieben längs halbieren und mit der Brühe in einen Topf geben. Mit einem Blatt Backpapier bedecken und alles knapp unter dem Siedepunkt etwa 4 Minuten weich garen. Mit Muskatnuss würzen und die kalte Butter hinzufügen.

5 Für die Reiberdatschi die Kartoffeln schälen und auf der Gemüsereibe in feine Streifen raspeln, mit den Händen gut ausdrücken. Die Eigelbe und die Zucchini- und Paprikawürfel untermischen und die Masse mit Oregano, Pfeffer, Muskatnuss und Chilisalz würzen. Das Öl in einer Pfanne erhitzen, aus der Masse 8 kleine Häufchen in die Pfanne setzen und etwas flach drücken (à 5 bis 6 cm Durchmesser). Die Küchlein erst auf einer Seite etwa 2 Minuten braten, dann wenden und auf der anderen Seite ebenfalls etwa 2 Minuten braten. Die Reiberdatschi aus der Pfanne nehmen und auf Küchenpapier abtropfen lassen.

6 Zum Servieren je 2 Reiberdatschi auf vorgewärmte Teller setzen und Hähnchenragout und Karotten daneben anrichten. Nach Belieben mit Löwenzahn und Kerbel garnieren.

KANINCHEN „CACCIATORE" AUF RAHMKARTOFFELN

Zutaten für 4 Personen

Für das Kaninchen:

1 EL Rosinen · 1 EL Grappa
1 TL Mandellikör
(z. B. Amaretto)
4 Kaninchenkeulen
(à ca. 300 g; küchenfertig)
400 g Schalotten · 1 Karotte
1 TL Öl · 1 EL Puderzucker
3 EL Aceto balsamico
50 ml roter Portwein
100 ml Rotwein
1 EL Tomatenmark
ca. ¾ l Hühnerbrühe
6 Pimentkörner
1 TL schwarze Pfefferkörner
1 Lorbeerblatt · 1 TL Senfkörner
1–2 TL Speisestärke
3 Zweige Thymian
1 Knoblauchzehe (in Scheiben)
2 Scheiben Ingwer
Salz

Für die Rahmkartoffeln:

1 EL Butter für die Form
750 g vorwiegend festkochende
Kartoffeln
1 kleine Knoblauchzehe
300 g Sahne
2 Liebstöckelblätter
(frisch geschnitten)
Salz · Pfeffer aus der Mühle
frisch geriebene Muskatnuss

1 Für das Kaninchen die Rosinen in Grappa und Amaretto einlegen. Die Kaninchenkeulen jeweils am Gelenk trennen, den Knochen aus dem Oberschenkel auslösen und das Oberschenkelfleisch halbieren. Die Schalotten und Karotte schälen, die Schalotten halbieren, die Karotte in Scheiben schneiden.

2 Das Öl in einem Topf erhitzen und das Fleisch darin bei mittlerer Hitze rundum anbraten, herausnehmen. Den Puderzucker in den Topf stäuben und hell karamellisieren. Mit Essig ablöschen, dann den Portwein und 50 ml Rotwein dazugießen. Das Tomatenmark hinzufügen und alles sämig einköcheln lassen. Den übrigen Rotwein dazugießen und nochmals einköcheln lassen.

3 Schalotten und Karotte hinzufügen, die Fleischstücke dazugeben und mit so viel Brühe auffüllen, dass alles gut bedeckt ist. Mit einem Blatt Backpapier bedecken und bei milder Hitze knapp unter dem Siedepunkt 1 ½ Stunden weich ziehen lassen. Die Piment- und Pfefferkörner in einen Einwegteebeutel füllen, verschließen und mit Lorbeerblatt und Senfkörnern nach etwa 1 Stunde hinzufügen.

4 Das Gemüse durch ein Sieb in einen Topf abgießen, dabei Gewürze und Lorbeerblatt wieder entfernen, und das Gemüse beiseitestellen. Die Sauce etwa um ein Drittel einköcheln lassen. Die Speisestärke mit etwas kaltem Wasser glatt rühren, in die Sauce geben und köcheln lassen, bis diese sämig bindet. Thymianzweige, Knoblauch und Ingwer dazugeben und einige Minuten darin ziehen lassen, dann wieder entfernen. Fleisch und Gemüse mit den eingelegten Rosinen in die Sauce geben, darin erhitzen und mit Salz würzen. Warm halten.

5 Für die Rahmkartoffeln den Backofen auf 180 °C vorheizen. Eine Auflaufform oder vier Portionsförmchen mit Butter einfetten. Die Kartoffeln schälen, waschen und in 2 mm dicke Scheiben hobeln. Den Knoblauch schälen und hacken. Die Kartoffelscheiben mit Sahne, Knoblauch und Liebstöckel mischen und mit Salz, Pfeffer und etwas Muskatnuss würzen. Kartoffelmischung in die Form oder die Förmchen füllen und im Ofen auf der mittleren Schiene etwa 40 Minuten goldbraun backen.

6 Zum Servieren die Kaninchenstücke mit dem Gemüse und etwas Sauce auf vorgewärmte Teller verteilen. Die Rahmkartoffeln portionsweise aus der Form heben und danebensetzen. Alternativ jeweils ein Portionsförmchen mit Rahmkartoffeln dazu servieren.

SCHWEINEBRATEN „BOTTICELLI" MIT TOSKANISCHEM GEMÜSE

1   Für den Schweinebraten den Backofen auf 160 °C vorheizen. Die Zwiebeln schälen, in 1 ½ bis 2 cm große Würfel schneiden und in einen Bräter geben. Dann 50 ml Brühe angießen. Das Öl in einer Pfanne erhitzen, das Fleisch darin rundum anbraten und auf die Zwiebeln in den Bräter setzen. Den Braten im Ofen auf der mittleren Schiene etwa 3 Stunden garen, dabei mehrmals wenden. Die Zwiebeln zwischendurch immer wieder umrühren.

2   Sobald die Brühe eingekocht ist und sich am Boden des Bräters ein brauner Film bildet, alles mit 2 bis 3 EL Brühe ablöschen. Diesen Vorgang mehrmals wiederholen, um der Sauce eine schöne bräunliche Farbe zu verleihen. Zuletzt die übrige Brühe angießen und Knoblauch, Ingwer, Zitronenschale, Majoran und Kümmel hinzufügen. Alles einige Minuten ziehen lassen, anschließend Ingwer und Zitronenschale wieder entfernen und die Sauce mit Chilisalz und Pfeffer abschmecken.

3   Inzwischen für das toskanische Gemüse den Fenchel putzen, waschen, in ½ cm dicke Scheiben schneiden und diese längs halbieren. Die Artischockenböden antauen lassen und in Spalten schneiden. Zucchino putzen, waschen, längs halbieren und in trapezartige Stücke schneiden. Die Tomaten waschen und längs halbieren. Steinpilze putzen, trocken abreiben und in ½ cm dicke Scheiben schneiden.

4   Fenchel und Artischocken mit der Brühe in einen Topf geben, mit einem Blatt Backpapier bedecken und knapp unter dem Siedepunkt 8 bis 10 Minuten garen. Nach 5 Minuten die Zucchinistücke dazugeben. Zuletzt die Tomaten mit Knoblauch, Ingwer, Rosmarin, Zitronen- und Orangenschale hinzufügen und erhitzen. Den Topf vom Herd nehmen, das Olivenöl unterziehen und das Gemüse mit Chilisalz würzen, Ingwer, Rosmarin und Zitrusschalen wieder entfernen.

5   Eine Pfanne bei mittlerer Temperatur erhitzen und das Öl mit einem Pinsel darin verstreichen. Die Steinpilze darin auf beiden Seiten hell anbraten, mit Chilisalz, 1 Prise Kümmel, Zitronenschale und Petersilie würzen und unter das Gemüse heben.

6   Zum Servieren den Schweinebraten in Scheiben schneiden und auf vorgewärmte Teller setzen. Jeweils etwas Sauce darüber verteilen und das toskanische Gemüse daneben anrichten.

Zutaten für 4 Personen

Für den Schweinebraten:
2 Zwiebeln
ca. 350 ml Hühnerbrühe
1 TL Öl
1,2 kg Schweinehalsbraten (küchenfertig)
2 Knoblauchzehen (in Scheiben)
1 Scheibe Ingwer
1 Streifen unbehandelte Zitronenschale
je ½ TL getrockneter Majoran und gemahlener Kümmel
mildes Chilisalz
Pfeffer aus der Mühle

Für das toskanische Gemüse:
1 Fenchelknolle
2 tiefgekühlte Artischockenböden (ca. 100 g; siehe S. 87)
½ Zucchino
100 g Datteltomaten
150 g kleine Steinpilze
100 ml Gemüsebrühe
1 Knoblauchzehe (in Scheiben)
1 Scheibe Ingwer
1 Zweig Rosmarin
je 1 Streifen unbehandelte Zitronen- und Orangenschale
1–2 EL mildes Olivenöl
mildes Chilisalz · ½ TL Öl
gemahlener Kümmel
1 Msp. abgeriebene unbehandelte Zitronenschale
½–1 TL Petersilienblätter (frisch geschnitten)

SPANFERKEL „PAGANINI" MIT KRAUT-KARTOFFEL-GRÖSTL

Zutaten für 4–6 Personen

Für das Spanferkel:

½–1 EL getr. Trompetenpilze
(ersatzweise getr. Champignons)
200 g Leberkäsebrät
2 EL Sahne
2 geriebene Knoblauchzehen
½ TL geriebener Ingwer
1 TL abgeriebene unbehandelte
Zitronenschale
1 EL getrockneter Oregano
mildes Chilisalz
1 EL gehackte Pistazien
1 kg Spanferkelwammerl
(Rippenknochen ausgelöst)
1 EL Öl für die Folie

Für das Kraut-Kartoffel-Gröstl:

400 g festkochende Kartoffeln
Salz · 400 g junger Weiß- oder
Spitzkohl (ca. ¼ Kopf)
1 TL Öl
1 TL Bratkartoffelgewürz
(ersatzweise je 1 Prise gemahlener Pfeffer, Koriander,
Kümmel, Kurkuma sowie frisch
geriebene Muskatnuss,
Knoblauch, Ingwer, Bohnenkraut und Majoran)
1 TL Petersilienblätter
(frisch geschnitten)
1 EL Butter oder braune Butter
(siehe Tipp S. 46)
mildes Chilisalz

1 Für das Spanferkel die Trockenpilze mit etwas Wasser in einen Topf geben und einmal aufkochen. Dann vom Herd nehmen und 10 bis 15 Minuten ziehen lassen. Die Trockenpilze in ein Sieb abgießen, abtropfen und abkühlen lassen, dann klein hacken.

2 Das Leberkäsebrät mit der Sahne glatt rühren, Knoblauch, Ingwer, Zitronenschale und Oregano hinzufügen und alles mit Chilisalz leicht würzen. Dann Trockenpilze und Pistazien unterrühren.

3 Den Backofen auf 160 °C vorheizen. Den Schweinebauch auf der Fleischseite mit Chilisalz würzen. Mit der Brätmasse bestreichen (dabei die Ränder frei lassen!) und von der Längsseite her einrollen (die Schwarte sollte dabei nach außen zeigen!). Den Rollbraten mit Küchengarn fest binden. Ein großes Blatt starke Alufolie mit Öl einfetten, den Rollbraten darin einwickeln und die Enden verdrehen. In einen großen Bräter 2 cm hoch Wasser füllen und den Rollbraten hineinsetzen. Dann mit geschlossenem Deckel im Ofen auf der mittleren Schiene 1¼ bis 1½ Stunden garen.

4 Anschließend den Rollbraten aus dem Ofen nehmen und beiseitestellen, den Umluftgrill auf 240 °C vorheizen. Auf die mittlere Schiene ein Ofengitter und darunter ein Abtropfblech schieben. Den Rollbraten auf der Nahtseite auf das Ofengitter setzen und im Ofen 20 bis 25 Minuten kross braten. Dabei zwischendurch drehen, sodass er rundum kross wird. Gegen Ende der Garzeit die Schwarte rundum mit Salzwasser (1 EL Salz auf 100 ml Wasser) bestreichen.

5 Für das Kraut-Kartoffel-Gröstl die Kartoffeln waschen und mit Schale in Salzwasser weich garen. Abgießen und kurz ausdampfen lassen, noch heiß pellen und in Scheiben schneiden. Inzwischen Kohl putzen, waschen und in 2 cm große Stücke schneiden.

6 Eine Pfanne bei mittlerer Temperatur erhitzen und das Öl mit einem Pinsel darin verstreichen. Die Kartoffelscheiben darin goldbraun braten, dann aus der Pfanne nehmen und beiseitestellen. Die Weißkohlblätter in die Pfanne geben und darin einige Minuten anbraten. Die Kartoffelscheiben wieder zum Kraut geben, Bratkartoffelgewürz, Petersilie und Butter hinzufügen und das Gröstl mit Chilisalz würzen.

(Fortsetzung) SPANFERKEL

Für die Paprika-Salsa:

1 rote Paprikaschote
(ca. 250 g)
1 Schalotte
40 g Softaprikosen
½–1 TL Puderzucker
1 TL Tomatenmark
100 g stückige Tomaten
(aus der Dose)
1 kleiner Zweig Rosmarin
1 fein geriebene Knoblauchzehe
1 TL fein geriebener Ingwer
1 Msp. abgeriebene unbehandelte Orangenschale
50 ml Gemüsebrühe
mildes Chilisalz

7 Für die Salsa die Paprika halbieren, entkernen und waschen. Die Hälften mit dem Sparschäler schälen und in Würfel schneiden. Die Schalotte schälen und wie die Aprikosen in feine Würfel schneiden.

8 Den Puderzucker in einen Topf stäuben und bei milder Hitze hell karamellisieren. Die Paprika- und Schalottenwürfel darin andünsten. Das Tomatenmark dazugeben und kurz mitrösten, dann die Tomatenstücke, Aprikosen und Rosmarin hinzufügen und alles mit Knoblauch, Ingwer und Orangenschale würzen. Die Salsa mit Brühe aufgießen, mit einem Blatt Backpapier bedecken und alles knapp unter dem Siedepunkt etwa 5 Minuten garen. Anschließend die Paprika-Salsa mit Chilisalz würzen, den Rosmarinzweig wieder entfernen. Nach Belieben warm oder kalt servieren.

9 Zum Servieren das Küchengarn vom Rollbraten entfernen und den Braten in Scheiben schneiden. Mit dem Kartoffel-Kraut-Gröstl und der Paprika-Salsa auf vorgewärmten Tellern anrichten. Nach Belieben mit Kräutern garnieren.

Dieses Spanferkel spielt die erste Geige

Als Erwachsener war er ein berühmter italienischer Geiger, aber als Kind wirklich eine arme Sau. Immer wenn der Paganini nicht geübt habt, hat er von seinem Vater nichts zu essen bekommen. Vermutlich hat ihm die Köchin ab und zu trotzdem ein Schweinernes zugesteckt, sonst wäre er wahrscheinlich nie ein so berühmter Geiger geworden. Nicht auszumalen, wenn er mein Spanferkel „Paganini" probiert hätte. Aber jetzt amal Spaß beiseite. Warum ich ihm in meiner bayerisch-italienischen Küche ein Spanferkel-Rezept widme, hat schon einen Grund. Nämlich den, dass der junge Paganini seinen ersten Job in der wunderschönen Stadt Lucca bekommen hat. Und in der Toskana gibt es einen der berühmtesten Schweinsbraten Italiens, die Porchetta. Das ist nix anderes als ein Spanferkel-Rollbraten, gefüllt mit den besten Gewürzen, die es dort gibt: Salbei, Rosmarin, Fenchel, Knoblauch … Erfunden haben sie die Porchetta allerdings – zumindest sagen sie es da – in Ariccia in der Nähe von Rom. Aber das wäre ja grad so, als würde man behaupten, dass der bayerische Schweinsbraten in Bad Tölz erfunden wurde.

KALBSKOTELETT „TOPOLINO" MIT ARTISCHOCKEN UND TOMATEN

1 Für die Koteletts den Backofen auf 100 °C vorheizen. Auf die mittlere Schiene ein Ofengitter und darunter ein Abtropfblech schieben. Eine Pfanne bei mittlerer Temperatur erhitzen und das Öl mit einem Pinsel darin verstreichen. Die Koteletts waschen, trocken tupfen und bei milder Hitze auf beiden Seiten anbraten. Das Fleisch auf das Ofengitter setzen und im Ofen etwa 1 Stunde rosa garen.

2 Inzwischen die Schalotte schälen und in sehr feine Würfel schneiden. 1 EL braune Butter in einer Pfanne zerlassen und die Schalotte darin bei milder Hitze andünsten. Die restliche braune Butter mit Knoblauch, Ingwer, Zitronenschale und Kräutern hinzufügen und alles 3 bis 4 Minuten ziehen lassen, dann die ganzen Gewürze wieder entfernen. Zum Servieren die Koteletts in der Kräuterbutter bei milder Hitze wenden und mit Chilisalz würzen.

3 Für das Gemüse die Artischockenböden antauen lassen, in Spalten schneiden und bis zur Verwendung in Zitronenwasser (dazu 1 l Wasser mit dem Saft von 1 Zitrone mischen) legen. Die Pilze putzen, trocken abreiben und halbieren. Die Tomaten waschen und halbieren.

4 Die Artischocken mit der Brühe in einen kleinen Topf geben, mit einem Blatt Backpapier bedecken und knapp unter dem Siedepunkt etwa 8 Minuten leicht bissfest garen. Die Champignons und die Tomaten mit Knoblauch, Ingwer, Zitronenschale und Rosmarinzweig hinzufügen und kurz mitgaren. Zuletzt das Olivenöl dazugeben und das Gemüse mit Chilisalz würzen. Die Gewürze wieder entfernen.

5 Zum Servieren die Kalbskoteletts auf vorgewärmte Teller legen und das Gemüse darum herumverteilen.

Mein Tipp

Falls Sie keine tiefgekühlten Artischockenböden bekommen, können Sie auch frische Artischocken zubereiten. Dafür von 2 großen Artischocken den Stiel und alle harten Blätter wegschneiden, sodass nur die Böden übrig bleiben. Mit einem Löffel oder einem Kugelausstecher das „Heu" entfernen und die Böden bis zur Verwendung in Zitronenwasser legen, damit sie schön hell bleiben.

Zutaten für 4 Personen

Für die Koteletts:

½–1 TL Öl

4 Kalbskoteletts (à 320–350 g; küchenfertig)

1 Schalotte

40 g braune Butter (siehe Tipp S. 46)

1 Knoblauchzehe (in Scheiben)

2 Scheiben Ingwer

1 Streifen unbehandelte Zitronenschale

1–2 EL gemischte Kräuterblätter (z. B. Basilikum, Dill, wenig Estragon, Kerbel, Petersilie; frisch geschnitten)

mildes Chilisalz

Für das Gemüse:

2 große tiefgekühlte Artischockenböden (siehe Tipp)

150 g kleine, feste Champignons

200 g Cocktailtomaten

80 ml Gemüsebrühe

1 Knoblauchzehe (in Scheiben)

2 Scheiben Ingwer

1 Streifen unbehandelte Zitronenschale

1 Zweig Rosmarin

1 EL mildes Olivenöl

mildes Chilisalz

INVOLTINI „KÖNIG LUDWIG I."
MIT DILLBOHNEN UND KARTOFFELN

Zutaten für 4 Personen

Für die Involtini:

100 g Blattspinat · Salz
1 EL Pinienkerne
30 g getrocknete Tomaten
(in Öl)
50 ml Gemüsebrühe
1 EL schwarze Oliven
(ohne Stein)
150 g Kalbsbrät
2 EL kalte Sahne
½ TL Dijon-Senf
frisch geriebene Muskatnuss
1 Msp. abgeriebene unbe-
handelte Zitronenschale
4 dünne Kalbsschnitzel
(à 90–100 g; Schmetterlings-
schnitt aus der Lende)
Öl für die Folie und zum Braten
mildes Chilisalz
1 EL mildes Olivenöl

Für die Dillbohnen:

300 g breite Bohnen · Salz
8 kleine Steinpilze
50 ml Gemüsebrühe
1 fein geriebene Knoblauchzehe
mildes Chilisalz
1 EL kalte Butter
getrocknetes Bohnenkraut
1 TL Dillspitzen
(frisch geschnitten)

Für die Kartoffeln:

2 vorwiegend festkochende
Kartoffeln · Salz · ½ TL Öl
mildes Chilisalz
1–2 TL mildes Olivenöl

1 Für die Involtini die Spinatblätter verlesen, waschen und trocken schütteln, dabei grobe Stiele entfernen. In Salzwasser 1 Minute blanchieren, in ein Sieb abgießen, kalt abschrecken und abtropfen lassen, dabei ausdrücken. Die Spinatblätter zu vier Feldern von etwa 10 cm Seitenlänge leicht überlappend auf ein Küchentuch legen. Mit einem zweiten Küchentuch bedecken und mit dem Nudelholz darüberrollen, sodass vier bündige grüne Spinatmatten entstehen und die überschüssige Flüssigkeit von den Tüchern aufgesaugt wird.

2 Pinienkerne in einer Pfanne ohne Fett bei mittlerer Hitze goldgelb rösten, abkühlen lassen. Tomaten abtropfen lassen, in kleine Würfel schneiden und in der Brühe bei milder Hitze kurz weich garen. Die Oliven in Streifen schneiden. Brät mit Sahne verrühren, 1 EL abnehmen und beiseitestellen. Übriges Brät mit Senf, Muskatnuss und Zitronenschale glatt rühren, Pinienkerne, Tomaten und Oliven untermischen.

3 Die Schnitzel zwischen zwei Lagen geölter Frischhaltefolie dünn klopfen, mit Chilisalz würzen und mit dem abgenommenen Brät dünn bestreichen. Auf jedes Schnitzel eine Spinatmatte legen, Brätmischung gleichmäßig darauf glatt streichen. Involtini kompakt aufrollen, dabei die Seiten einschlagen. Jedes Röllchen erst in Frischhaltefolie, dann in Alufolie wickeln. In einem Topf 1 ½ l Wasser auf 85 bis 90 °C erhitzen, die Involtini darin mit geschlossenem Deckel etwa 40 Minuten gar ziehen lassen. Aus der Folie lösen und mit Olivenöl bestreichen.

4 Für die Dillbohnen die Bohnen putzen, waschen und schräg in 1 ½ cm breite Stücke schneiden. In kochendem Salzwasser bissfest garen. In ein Sieb abgießen, kalt abschrecken und abtropfen lassen. Die Pilze putzen, trocken abreiben und in ½ cm breite Scheiben schneiden. Die Bohnen in einem Topf mit Brühe erwärmen, Pilze und Knoblauch hinzufügen und alles mit Chilisalz würzen. Die kalte Butter in kleinen Stücken hinzufügen und darin schmelzen lassen. Dann das Gemüse mit 1 Prise Bohnenkraut und Dill würzen.

5 Die Kartoffeln waschen und mit Schale in Salzwasser weich garen. Abgießen und kurz ausdampfen lassen, heiß pellen und in ½ cm große Würfel schneiden. Eine Pfanne bei mittlerer Temperatur erhitzen und das Öl mit einem Pinsel darin verstreichen. Kartoffeln darin goldbraun anbraten, mit Chilisalz würzen und mit Olivenöl beträufeln. Zum Servieren die Kartoffeln und Dillbohnen auf vorgewärmte Teller verteilen. Die Involtini schräg halbieren oder in Scheiben schneiden und daraufsetzen. Nach Belieben mit Dillspitzen garnieren.

KALBSLEBER „GONDOLIERE-ART" MIT GARNELEN UND GRAUPENRISOTTO

Zutaten für 4 Personen

Für den Graupenrisotto:

100 g Perlgraupen
650 ml Gemüsebrühe
½ Lorbeerblatt
1 kleine getrocknete rote
Chilischote
1 kleine Karotte
je 1 gelber und grüner Zucchino
1 fein geriebene Knoblauchzehe
½ TL fein geriebener Ingwer
1 Streifen unbehandelte
Zitronenschale
1 EL kalte Butter
getrockneter Majoran
mildes Chilisalz
Pfeffer aus der Mühle

Für die Garnelen:

4 große Riesengarnelen
1 EL Öl · mildes Chilisalz

Für die Kalbsleber:

4 dünne Scheiben Kalbsleber
(à 100–120 g; küchenfertig)
1 TL Öl · ½ TL Puderzucker
50 ml Rotwein
1 Stück Vanilleschote (ca. 3 cm)
½ Knoblauchzehe (in Scheiben)
20 g kalte Butter
Salz · Pfeffer aus der Mühle

1 Für den Graupenrisotto die Graupen in einem Sieb unter fließendem kaltem Wasser waschen und abtropfen lassen. Mit ½ l Brühe in einen Topf geben, mit einem Blatt Backpapier bedecken und knapp unter dem Siedepunkt etwa 10 Minuten köcheln. Dann Lorbeerblatt und Chilischote dazugeben. Vom Herd nehmen und die Graupen etwa 35 Minuten quellen lassen. Dann in ein Sieb abgießen und abtropfen lassen, Lorbeerblatt und Chilischote wieder entfernen.

2 Die Karotte schälen und in etwa 3 mm große Würfel schneiden. Die Zucchini putzen, waschen und in kleine Würfel schneiden. Die Karotte in der übrigen Gemüsebrühe knapp unter dem Siedepunkt 4 Minuten mehr ziehen als köcheln lassen. Die Graupen mit den Zucchini hinzufügen, Knoblauch, Ingwer und Zitronenschale dazugeben und erhitzen. Die kalte Butter hinzufügen, alles mit 1 Prise Majoran, Chilisalz und Pfeffer würzen, die Zitronenschale wieder entfernen.

3 Die Garnelen mit der Schale halbieren und den Darm herausziehen, dann waschen und trocken tupfen. Das Öl in einer Pfanne bei mittlerer Temperatur erhitzen und die Garnelen darin auf der Schalenseite 1 bis 2 Minuten anbraten. Vom Herd nehmen, das Fett aus der Pfanne tupfen, die Garnelen wenden und in der Nachhitze der Pfanne noch 1 Minute ziehen lassen. Mit Chilisalz würzen.

4 Für die Kalbsleber die Leberscheiben waschen, trocken tupfen und jeweils in 3 Stücke schneiden. Eine Pfanne bei mittlerer Temperatur erhitzen und das Öl mit einem Pinsel darin verstreichen. Die Leberscheiben 1 bis 2 Minuten anbraten, wenden und auf der anderen Seite noch ½ bis 1 Minute braten. Aus der Pfanne nehmen und warm halten.

5 Den Puderzucker in die Pfanne stäuben, in der die Leber gebraten wurde und darin schmelzen. Mit Wein ablöschen, Vanille und Knoblauch hinzufügen und alles auf 1 bis 2 EL einköcheln lassen. Dann Vanille und Knoblauch wieder entfernen, die kalte Butter in kleinen Stücken dazugeben und unterrühren.

6 Zum Servieren die Leberscheiben in der Rotweinbutter wenden und mit Salz und Pfeffer würzen. Den Graupenrisotto auf vorgewärmten Tellern anrichten. Die Leber und die Garnelen darauflegen und die Rotweinbutter darum herumträufeln.

„ALT-MÜNCHNER" KALBSBRUST MIT CIABATTA-TOMATEN-FÜLLUNG

1 Für die Kalbsbrust den Puderzucker in einen Topf stäuben und hell karamellisieren. Das Tomatenmark dazugeben und kurz anrösten. Nach und nach je ein Drittel des Weins dazugießen und sämig einköcheln lassen. Dann die Brühe dazugießen und erhitzen.

2 Inzwischen Karotten und Sellerie putzen, schälen und in 1 bis 1½ cm große Würfel schneiden. Die Zwiebeln schälen und in feine Würfel schneiden. Das Gemüse in einem Bräter ohne Fett andünsten. Den Saucenansatz hinzufügen. Den Backofen auf 150 °C vorheizen.

3 Für die Füllung die Tomaten abtropfen lassen und in Würfel schneiden, die Oliven klein schneiden. Das Brot in etwa 1 cm große Würfel schneiden und in eine Schüssel geben. Die Zwiebel schälen und in feine Würfel schneiden. Zwiebelwürfel in einer Pfanne mit 100 ml Wasser weich garen, bis die Flüssigkeit eingekocht ist. Milch erwärmen und mit Eiern verquirlen. Mit Chilisalz, Oregano und 1 Prise Muskatnuss würzen, Petersilie und Zitronenschale mit einem Schneebesen unterrühren. Die Eiermischung über die Brotwürfel gießen, Zwiebel, Tomatenwürfel und Oliven untermischen und die Masse kurz ziehen lassen.

4 In die Kalbsbrust mit einem scharfen Messer vorsichtig eine Tasche einschneiden und mit der Brotmasse füllen (nicht zu voll, da sich das Fleisch beim Garen noch zusammenzieht und die Füllung sich etwas ausdehnt; ggf. übrige Füllung zu Pflanzerln formen, in Butter auf beiden Seiten goldbraun braten und als Beilage servieren). Die Kalbsbrust mit Rouladennadeln verschließen oder mit Küchengarn zunähen.

5 Eine Pfanne bei mittlerer Temperatur erhitzen und das Öl mit einem Pinsel darin verstreichen. Die Kalbsbrust darin rundum anbraten, in den Bräter auf das Gemüse setzen und im Ofen auf der mittleren Schiene etwa 3 Stunden schmoren, dabei mehrmals mit dem Schmorsud begießen. Etwa 45 Minuten vor Ende der Garzeit Ingwer, Knoblauch und Gewürze dazugeben und mit Salz und Pfeffer würzen. Rosmarin kurz vor Ende der Garzeit dazugeben und einige Minuten mitziehen lassen.

6 Kalbsbrust aus dem Bräter nehmen und warm halten. Sauce durch ein Sieb in einen Topf gießen, dabei das Gemüse und die ganzen Gewürze entfernen. Speisestärke mit wenig kaltem Wasser glatt rühren, in die Sauce rühren und 2 Minuten leicht köcheln, bis diese sämig bindet. Zuletzt mit Chilisalz abschmecken. Zum Servieren die Sauce auf vorgewärmte Teller verteilen, die Kalbsbrust mit der Füllung in Scheiben schneiden und darauf anrichten. Dazu passt grünes Bohnengemüse.

Zutaten für 6–8 Personen

Für die Kalbsbrust:

1 TL Puderzucker
2 EL Tomatenmark
¼ l Rotwein · ½ l Hühnerbrühe
2 Karotten · 200 g Knollensellerie
3 Zwiebeln
2 kg Milchkalbsbrust
(küchenfertig)
1 TL Öl · 3 Scheiben Ingwer
2 Knoblauchzehen (in Scheiben)
1 Lorbeerblatt
1 Stück Vanilleschote (ca. 2 cm)
5 Pimentkörner · 2 Zimtsplitter
½ TL schwarze Pfefferkörner
2 Streifen unbehandelte Zitronenschale
Salz · Pfeffer aus der Mühle
1 Zweig Rosmarin
1 TL Speisestärke
mildes Chilisalz

Für die Füllung:

8 getrocknete Tomaten (in Öl)
50 g schwarze Oliven (ohne Stein)
200 g Ciabatta-Brot (vom Vortag)
½ Zwiebel · Salz
200 ml Milch · 2 Eier
mildes Chilisalz
½ TL getrockneter Oregano
frisch geriebene Muskatnuss
1 EL Petersilienblätter (frisch geschnitten)
1 TL abgeriebene unbehandelte Zitronenschale

KALBSHAXE „ROMULUS UND REMUS" MIT WIRSING UND PFIFFERLINGEN

Zutaten für 4–6 Personen

Für die Kalbshaxe:

1 Zwiebel · ½ Karotte
80 g Knollensellerie
2 TL Puderzucker
2 EL Tomatenmark
200 ml Rotwein
300 ml Hühnerbrühe
1 Kalbshaxe (ca. 2,8 kg; küchenfertig)
1 Knoblauchzehe (in Scheiben)
2 Scheiben Ingwer
1 Streifen unbehandelte Zitronenschale
1 EL Wacholderbeeren
je 1 EL Piment- und schwarze Pfefferkörner
3 Lorbeerblätter
1 Zweig Rosmarin
1–2 TL Speisestärke
mildes Chilisalz

Für die Kapern:

100 ml Bratöl oder Frittierfett
1 geh. EL Kapern

Für das Gemüse:

½ Wirsing · Salz
80 g Fregola (ital. Röstnudeln; siehe S. 17) · 1 Lorbeerblatt
150 g kleine Pfifferlinge
1 ½ EL braune Butter (siehe Tipp S. 46) · mildes Chilisalz
80 ml Gemüsebrühe
frisch geriebene Muskatnuss
1 Msp. abgeriebene unbehandelte Zitronenschale
2 EL kalte Butter

1 Für die Kalbshaxe Backofen auf 150 °C vorheizen. Zwiebel, Karotte und Sellerie schälen und in 1 bis 1 ½ cm große Stücke schneiden. Puderzucker in einem Topf bei milder Hitze karamellisieren. Tomatenmark dazugeben, kurz anrösten. Mit 100 ml Wein ablöschen und sirupartig einköcheln. Übrigen Wein dazugießen, alles sämig einköcheln.

2 Bratensatz in einen Bräter geben, Gemüse und Brühe hinzufügen, Kalbshaxe hineinsetzen und mit geschlossenem Deckel im Ofen auf der unteren Schiene etwa 4 ½ Stunden schmoren, dabei mehrmals wenden.

3 Anschließend Kalbshaxe aus dem Bräter nehmen und warm stellen. Die Sauce durch ein Sieb in einen Topf gießen, dabei das Gemüse etwas ausdrücken, und um ein Drittel einkochen. Knoblauch, Ingwer, Zitronenschale, Wacholderbeeren, Piment- und Pfefferkörner, Lorbeerblätter und Rosmarin zur Sauce geben und kurz ziehen lassen, dann wieder entfernen. Speisestärke in wenig kaltem Wasser glatt rühren, in die Sauce geben und köcheln lassen, bis diese leicht sämig bindet. Noch ein wenig köcheln lassen, dann mit Chilisalz abschmecken.

4 Inzwischen für die Kapern das Öl oder Frittierfett in einem kleinen Topf auf 170 °C erhitzen. Kapern gut trocken tupfen und etwa 5 Minuten im Fett knusprig backen. Durch ein Edelstahlsieb abgießen, dabei das Fett auffangen, und die Kapern auf Küchenpapier abtropfen lassen.

5 Für das Gemüse den Wirsing putzen, in einzelne Blätter teilen und die Blätter halbieren, dabei die Blattrippen entfernen. Blätter waschen und in kochendem Salzwasser etwa 4 Minuten bissfest garen. In ein Sieb abgießen, kalt abschrecken und abtropfen lassen, dabei überschüssiges Wasser ausdrücken. Blätter in 1 cm große Stücke schneiden.

6 Fregola in Salzwasser mit Lorbeerblatt etwa 15 Minuten kochen, in ein Sieb abgießen und abtropfen lassen, das Lorbeerblatt wieder entfernen. (Dann sofort weiterverarbeiten oder mit 1 EL Öl mischen.) Pilze gründlich putzen, falls nötig, waschen und trocken tupfen. Eine Pfanne bei mittlerer Temperatur erhitzen und 1 TL braune Butter mit einem Pinsel darin verstreichen. Die Pilze anbraten und mit Chilisalz würzen.

7 Wirsing in der Brühe erhitzen und mit Muskatnuss, Zitronenschale und Chilisalz würzen. Fregola hinzufügen und darin kurz erhitzen. Butter und übrige braune Butter hinzufügen. Zum Servieren Kalbshaxe in Scheiben schneiden, mit der Sauce auf vorgewärmten Tellern anrichten und mit Kapern bestreuen. Wirsing und Pfifferlinge dazusetzen.

OCHSENSTEAK „PEPPONE"
MIT POMMES FRITES UND DIPS

Zutaten für 4 Personen

Für die Mayonnaise (ohne Ei):

50 ml Vollmilch
10 g Dijon-Senf
½ fein geriebene Knoblauchzehe
mildes Chilisalz
100 ml Maiskeimöl
150 g Tomatenketchup
1 EL ital. Anislikör
(z. B. Sambuca)

Für die Steaksauce:

200 g Tomatenketchup
1 TL mildes Räuchersalz
getrockneter Oregano
¼ TL milde Chiliflocken
½ TL gemahlene Kurkuma
½ TL Räucherpaprika
(Piment de la Vera picante)
1 gestr. TL Instantkaffeepulver
1 EL Ahornsirup
1 TL Dijon-Senf
1 fein geriebene Knoblauchzehe
½ TL fein geriebener Ingwer
Pfeffer aus der Mühle
Fenchelsamen aus der Mühle

Für die Pommes frites:

2 kg große mehligkochende
Kartoffeln · Salz
1 TL Currypulver
Frittierfett oder Erdnussöl
zum Frittieren
4 EL geriebener Parmesan

1 Für die Mayonnaise die Milch mit Senf, Knoblauch und etwas Chilisalz in einen hohen Rührbecher geben. Das Öl in einem dünnen Strahl einlaufen lassen und dabei mit dem Stabmixer rühren. Die Mayonnaise mit dem Ketchup mischen und zuletzt den Dip mit Anislikör und Chilisalz abschmecken.

2 Für die Steaksauce Ketchup, Räuchersalz, 1 Prise Oregano, Chiliflocken, Kurkuma, Räucherpaprika, Instantkaffee, Ahornsirup, Senf, Knoblauch und Ingwer in einen Topf geben. Mit etwas schwarzem Pfeffer und Fenchel würzen und das Ganze leicht erwärmen. Nach Belieben warm oder abgekühlt zum Steak servieren.

3 Für die Pommes frites die Kartoffeln schälen und in dicke Pommes schneiden, geschnittene Pommes sofort zwischendurch in kaltes Wasser legen. In einem großen Topf reichlich Salzwasser erhitzen und die Kartoffelstäbchen darin etwa 5 Minuten blanchieren. Anschließend vorsichtig abgießen, abtropfen lassen und vollständig trocken tupfen.

4 Das Currypulver mit 2 EL Salz mischen. Zum Servieren das Fett oder Öl in einem Topf oder in der Fritteuse auf 170 bis 180 °C erhitzen. Die Kartoffelstäbchen im Fett knusprig ausbacken, herausheben und auf Küchenpapier abtropfen lassen. Mit dem Currysalz würzen und mit Parmesan bestreuen. Warm halten.

5 Für die Ochsensteaks das Fleisch etwa 30 Minuten vorher aus dem Kühlschrank nehmen und Zimmertemperatur annehmen lassen. Dann mit dem Handballen jedes Steak etwas flach drücken. Eine Pfanne bei mittlerer Temperatur erhitzen und das Öl mit einem Pinsel darin verstreichen. Die Steaks darin bei mittlerer Hitze 2 bis 3 Minuten anbraten, bis an der Oberseite Fleischsaftperlen austreten.

6 Anschließend die Steaks wenden und so lange weiterbraten, bis sich erneut Fleischsaftperlen bilden. Aus der Pfanne nehmen und auf einem vorgewärmten Teller beiseitestellen. Den Bratensatz mit Brühe ablöschen. Das Steak- und Grillgewürz dazugeben und den Bratensatz auf ein Drittel einköcheln lassen. Die kalte Butter in Stücken hineinrühren, die Sauce mit Chilisalz würzen und die Steaks darin wenden. Zuletzt den Fleischsaft vom Teller mit in die Sauce geben.

(Fortsetzung) OCHSENSTEAK

Für die Ochsensteaks:
4 Ribeye-Steaks vom Ochsen
(à ca. 200 g; ca. 1 ½ cm dick)
1 TL Öl · 100 ml Hühnerbrühe
1 TL Steak- und Grillgewürz
20 g kalte Butter
mildes Chilisalz

Außerdem:
150 g gemischte Pilze
(z. B. Samthauben und
Pfifferlinge) · 1 TL Öl
gemahlener Kümmel
1 Msp. abgeriebene unbe-
handelte Zitronenschale
mildes Chilisalz
1 TL kalte Butter
1 EL getrockneter Oregano

7 Die Pilze putzen und trocken abreiben, dabei große Pilze in form-schöne Stücke schneiden. Die Pfifferlinge gründlich putzen, falls nötig, waschen und trocken tupfen.

8 Eine Pfanne bei mittlerer Temperatur erhitzen und das Öl mit einem Pinsel darin verstreichen. Die Pilze darin kurz anbraten. Anschließend mit 1 Prise Kümmel, Zitronenschale und Chilisalz würzen und zuletzt die kalte Butter in kleinen Stücken und den Oregano hinzufügen.

9 Zum Servieren die Ochstensteaks auf vorgewärmte Teller legen und die Pilze danebensetzen. Nach Belieben mit Oreganospitzen garnieren. Die Pommes frites und die beiden Dips dazu reichen.

Für den großen Sepp – nicht für den Peppi

Wer kennt sie nicht, die beiden Fernseh- und Kinohelden Don Camillo und Peppone? Auf der einen Seite der konservative und schlitzohrige Pfarrer mit dem Pferdegebiss. Auf der anderen Seite sein Gegner, der nicht weniger dickköpfige kommunistische Bürgermeister Giuseppe Bottazzi, genannt Peppone. Der hat fei ganz schee Pfeffer gehabt und deshalb widme ich ihm mein bayerisch-italie-nisches Ochsensteak. „Peppone" heißt auf gut Bayerisch „großer Sepp". Für den großen Sepp – und nicht für den kleinen Beppi – mach ich ein Trumm Ochsensteak „Peppone" mit Pfifferlingen, Pommes frites und Parmesan. Das gibt Power direkt aus der Po-Ebene, wo der Don Camillo und der Peppone auch herkommen. Und der gute Geschmack, der ist ebenfalls in der Po-Ebene daheim. Die ist nämlich so was wie das Schlaraffenland Italiens: Hier werden neben dem Parmesan auch der Gorgonzola gemacht, hier reifen die edelsten Balsamico-Essige in den Fässern und der Himmel hängt voller Parmaschinken.

WILDSCHWEINRAGOUT „NERO" MIT POLENTA-KNÖDELN

1 Für das Ragout das Wildschweinfleisch von groben Sehnen befreien, waschen, trocken tupfen und in 3 bis 4 cm große Würfel schneiden. Sellerie, Karotte und Zwiebeln schälen und in kleine Würfel schneiden. Eine Pfanne bei mittlerer Temperatur erhitzen und ½ TL Öl mit einem Pinsel darin verstreichen. Das Gemüse darin 2 bis 3 Minuten andünsten.

2 Einen Bräter erhitzen und etwas Öl mit einem Pinsel darin verstreichen. Die Fleischwürfel in zwei Portionen darin bei mittlerer Hitze anbraten und herausnehmen. Den Puderzucker hineinstäuben und hell karamellisieren, das Tomatenmark dazugeben und kurz anrösten. Mit einem Drittel des Weins ablöschen, nach und nach den restlichen Wein dazugießen und jeweils sämig einköcheln lassen.

3 Alles mit Brühe auffüllen und Fleisch und Gemüse dazugeben. Mit einem Blatt Backpapier bedecken und bei milder Hitze knapp unter dem Siedepunkt 2 ½ bis 3 Stunden schmoren. Dabei 30 Minuten vor Ende der Garzeit die ganzen Gewürze in einen Einwegteebeutel füllen, verschließen und dazugeben.

4 Das Fleisch aus dem Bräter heben. Die Sauce durch ein Sieb in einen Topf gießen, dabei das Gemüse etwas ausdrücken und mit den ganzen Gewürzen entfernen. Die Sauce noch mal erhitzen. Die Speisestärke mit etwas kaltem Wasser glatt rühren, in die Sauce geben und 2 Minuten leicht köcheln lassen, bis diese sämig bindet. Zitronen- und Orangenschale, Knoblauch und Ingwer dazugeben, mit Salz würzen, dann das Fleisch darin wieder erwärmen.

5 Für die Polenta-Knödel Brühe und Milch in einem Topf aufkochen. Den Polenta-Grieß einrieseln lassen und unter Rühren einige Minuten dicklich einköcheln. Den Polenta-Brei mit Chilisalz, Pfeffer und Muskatnuss würzen. Den Topf vom Herd nehmen und die Polenta etwas abkühlen lassen. Die Eier verquirlen und unter die Polenta rühren.

6 In einem Topf reichlich Salzwasser mit dem Lorbeerblatt aufkochen. Aus der Polenta-Masse mit angefeuchteten Händen 12 kleine Knödel formen und im Wasser knapp unter dem Siedepunkt je nach Größe 15 bis 20 Minuten gar ziehen lassen. Mit einem Schaumlöffel herausnehmen und gut abtropfen lassen.

7 Zum Servieren das Wildschweinragout auf vorgewärmte Teller verteilen und die Polenta-Knödel dazu reichen.

Zutaten für 4 Personen

Für das Wildschweinragout:

*1 kg Wildschweinfleisch
(aus der Schulter)*
150 g Knollensellerie
1 Karotte · 2 Zwiebeln
1–2 TL Öl
1–2 TL Puderzucker
1 EL Tomatenmark
¼ l Rotwein
¾ l Hühnerbrühe
1 Lorbeerblatt
je ½ TL schwarze Pfeffer- und Korianderkörner
5 angedrückte Wacholderbeeren
1 Zimtsplitter
5 Pimentkörner
1–2 TL Speisestärke
je 1 Msp. abgeriebene unbehandelte Zitronen- und Orangenschale
1 Knoblauchzehe (in Scheiben)
2 Scheiben Ingwer
Salz

Für die Polenta-Knödel:

175 ml Gemüsebrühe
175 ml Milch
150 g Instant-Polenta
mildes Chilisalz
Pfeffer aus der Mühle
frisch geriebene Muskatnuss
2 Eier · Salz · 1 Lorbeerblatt

DESSERTS & MEHLSPEISEN

WEINSCHAUMCREME „KALTERER SEE"
MIT ROSÉTRAUBEN

Zutaten für 6 Gläser

Für das Weingelee:

2 Blatt Gelatine · 50 g Zucker
200 ml Weißwein
(z. B. Weiß- oder Graubur-
gunder vom Kalterer See)
einige Tropfen Zitronensaft

Für die Weinschaumcreme:

2 Blatt Gelatine
150 ml Weißwein
(z. B. Weiß- oder Graubur-
gunder vom Kalterer See)
120 g Zucker · 4 Eigelb
1–2 EL Zitronensaft
1 Eiweiß · Salz · 100 g Sahne

Außerdem:

200 g Rosétrauben (kernlos)
1 Spritzer Zitronensaft
etwas Puderzucker
einige Tropfen Orangenlikör
(z. B. Grand Marnier)
1 EL grob gehackte Walnüsse

1 Für das Weingelee die Gelatine in kaltem Wasser einweichen. Den Zucker mit 50 ml Wasser in einen kleinen Topf geben und einmal aufkochen, sodass sich der Zucker auflöst. Dann vom Herd nehmen, die Gelatine ausdrücken und zum Zuckersirup geben. Zuletzt Wein und Zitronensaft dazugießen, alles gut verrühren und abkühlen lassen. Zugedeckt im Kühlschrank 2 bis 3 Stunden gelieren lassen.

2 Für die Weinschaumcreme die Gelatine in kaltem Wasser einweichen. Den Wein mit 100 g Zucker und den Eigelben in einer Metallschüssel so lange im heißen Wasserbad aufschlagen, bis die Creme dickschaumig und maximal 75 °C (Thermometer) heiß ist. Die Gelatine ausdrücken und mit dem Zitronensaft unter die Eigelbcreme rühren. Dann die Masse vom heißen Wasserbad nehmen und im Eiswasserbad kalt rühren.

3 Das Eiweiß mit 1 Prise Salz und dem übrigen Zucker cremig aufschlagen. Die Sahne cremig-fest aufschlagen und mit dem Eischnee unter die kalte Creme heben. Die Creme jeweils zu etwa drei Vierteln in die Gläser füllen und mindestens 1 Stunde kühl stellen.

4 Die Trauben waschen und halbieren. Mit Zitronensaft, Puderzucker und Orangenlikör marinieren.

5 Zum Servieren die Trauben auf der Weinschaumcreme anrichten und mit den Walnüssen bestreuen. Das Gelee mit einer Gabel verrühren und je 1 bis 2 EL davon auf die Gläser verteilen. Nach Belieben mit Minzespitzen garnieren.

Ein Traum, dieser Weinschaum!

Der Kalterer See ist die Badewanne Südtirols. Der wärmste Gebirgssee in den Alpen weit und breit. Dafür ist die Gegend zwar berühmt, bei Genießern jedoch schon fast berüchtigt, was den Wein angeht. Denn rund um den Kalterer See liegen die besten Weinanbaugebiete von ganz Südtirol. Zum Beispiel die Ortschaft Tramin: Hier steht die Wiege des italienischen, 'tschuldigung, des Südtiroler Gewürztraminers. Ob in Kaltern oder in Tramin, ob in Girlan oder in Kurtatsch … Wenn der ein oder andere das Törggelen mit Torkelen verwechselt, kein Wunder, denn der Wein ist dort so gut.

WEISSBIERAMISU MIT INGWER

Zutaten für 4–6 Personen

40 g Ingwerpaste (aus kandiertem Ingwer; ersatzweise fein gehackter kandierter Ingwer)
20 g Zucker
7 EL Ingwersirup
Salz
250 g gut gekühlter Mascarpone
300 g Sahne
330 ml Weißbier
1 Päckchen Löffelbiskuits (24 Stück)
1–2 EL Kakaopulver zum Bestäuben

1 Für die Creme Ingwerpaste, Zucker, 2 EL Ingwersirup und 1 Prise Salz in eine Schüssel geben und den Mascarpone hinzufügen. Alles mit den Quirlen des Handrührgeräts verrühren.

2 Die Sahne mit den Quirlen des Handrührgeräts halb steif schlagen. Ein Drittel der Sahne mit dem Schneebesen unter die Mascarponecreme rühren, den Rest mit dem Teigspatel vorsichtig unterheben.

3 Das Weißbier mit dem übrigen Ingwersirup verrühren. Die Hälfte der Löffelbiskuits nacheinander darin eintauchen und dicht nebeneinander in eine kleine Auflaufform (etwa 16 x 26 cm) legen. Mit der Hälfte der Mascarponecreme bestreichen.

4 Die übrigen Löffelbiskuits ebenfalls nacheinander in die Weißbiertränke tauchen und auf die Creme legen. Anschließend die restliche Mascarponecreme darauf glatt verstreichen.

5 Das Weißbieramisu zugedeckt im Kühlschrank mindestens 1 Stunde durchziehen lassen. Zum Servieren den Kakao gleichmäßig über das Tiramisu stäuben und nach Belieben mit gemischten Beeren garnieren.

Weißbieramisu – ein Dessert mit Prost!

So a italienisches Tiramisu ist von der Entstehungsgeschichte her ja keine süße, sondern eher eine pikante Angelegenheit. Angeblich hat man das den Liebesdamen serviert, die zwischen zwei Herrenbesuchen in den einschlägigen Etablissements a bisserl eine Aufmunterung gebraucht haben. Tiramisu heißt nämlich übersetzt nix anderes als „Zieh mich wieder hoch"... Mein bayerisch-italienisches Tiramisu ist ganz genauso wie das Original ein kulinarisches Dopingmittel, und zwar eines, das erlaubt ist. Das zieht Sie immer wieder hoch, vor allem, weil mein Tiramisu eine Weißbieramisu ist. Bayern trifft Italien, Bier trifft Nachspeise, das ist bayerisch, aber al dente.

LIMETTEN-GRANITÉ „SCHÖNE MÜNCHNERIN" & JOHANNISBEER-WEIN-GRANITÉ

1 Für das Limetten-Granité den Zucker in einem Topf mit 75 ml Wasser aufkochen. Dann vom Herd nehmen und abkühlen lassen. Anschließend ¼ l Wasser und den Limettensaft dazugeben.

2 Die Mischung in eine gefrierfeste Auflaufform gießen und mindestens 4 Stunden in das Tiefkühlfach stellen, bis sie vollständig durchgefroren ist. Rechtzeitig ebenfalls vier Whiskeygläser in das Tiefkühlfach stellen.

3 Zum Servieren das Granité mit einem Löffel kristallartig aufkratzen und die tiefgekühlten Whiskeygläser damit jeweils zu drei Vierteln füllen. Mit Weißbier aufgießen und sofort servieren.

4 Für das Johannisbeer-Wein-Granité am Vortag den Wein mit dem Johannisbeersaft und dem Zucker in einen Topf geben und aufkochen lassen. Dann Vanilleschote und -mark, Zimtrinden, Gewürznelken, Ingwer, Zitronen- und Orangenschale hinzufügen. Den Topf vom Herd nehmen und alles abkühlen lassen. Anschließend den Cassislikör dazugeben und die Mischung durch ein Sieb gießen.

5 Die Mischung in eine gefrierfeste Auflaufform gießen und mindestens 1 Tag in das Tiefkühlfach stellen, bis sie vollständig durchgefroren ist. Am nächsten Tag zum Servieren das Granité mit einem Löffel kristallartig aufkratzen und in tiefgekühlte Gläser füllen. Sofort servieren.

Zutaten für 4 Personen

Für das Limetten-Granité:
165 g Zucker
110 ml Limettensaft
¼ l kaltes Weißbier

Für das Johannisbeer-Wein-Granité:
½ l kräftiger Rotwein
¼ l schwarzer Johannisbeersaft
170 g Zucker
1 ausgekratzte Vanilleschote mit Mark
2 Zimtrinden
6 Gewürznelken
4 Scheiben Ingwer
je 6 Streifen unbehandelte Zitronen- und Orangenschale
2 cl Cassislikör

Mein Tipp

Das Johannisbeer-Wein-Granité benötigt mehr Zeit zum Durchfrieren, weil es Alkohol enthält, der den Gefrierpunkt deutlich senkt.
Nach Belieben über beide Granités beim Anrichten noch einige Himbeeren streuen. Das sieht hübsch aus und passt geschmacklich ausgezeichnet. Anstatt Weißbier können Sie zum Aufgießen für das Limetten-Granité auch Prosecco verwenden.

WINDBEUTEL „TORBOLE TURBO"

Zutaten für 12 Stück

Für die Kaffeecreme:
1 ½ Blatt Gelatine
je 1 EL Rum und Orangenlikör
(z. B. Grand Marnier)
1 EL Instantkaffeepulver
½ TL arabisches Kaffeegewürz
(ersatzweise 1 Msp. Vanille-
mark, etwas Zimtpulver und
1 Prise gemahlener Kardamom)
800 g Sahne
80 g Puderzucker
1 EL Vanillezucker

Für die Windbeutel:
70 ml Milch · Salz
40 g Butter
100 g Mehl
3 Eier

Außerdem:
flüssige Butter und
Mehl fürs Blech
Puderzucker zum Bestäuben

1 Für die Kaffeecreme die Gelatine in kaltem Wasser einweichen. In einem Topf den Rum und den Likör mit Kaffeepulver und Kaffeegewürz erhitzen, aber nicht kochen lassen. Die Gelatine gut ausdrücken, in der warmen Rum-Likör-Mischung auflösen und vom Herd nehmen. Die Sahne mit Puderzucker und Vanillezucker steif schlagen. Zuerst 3 EL Sahne mit dem Schneebesen unter die Gelatinemischung rühren, dann die übrige Sahne mit dem Teigspatel unterheben. De Creme kühl stellen.

2 Für die Windbeutel den Backofen auf 210 °C vorheizen. Ein Backblech mit flüssiger Butter einfetten und mit Mehl bestäuben. Die Milch mit 70 ml Wasser, 1 Prise Salz und der Butter in einem Topf aufkochen, dabei die Butter schmelzen lassen.

3 Dann das Mehl auf einmal dazugeben und mit einem Kochlöffel rühren, bis sich ein weißer Belag am Topfboden bildet („abbrennen"). Die Masse in eine Rührschüssel geben und darin kurz abkühlen lassen. Die Eier nach und nach dazugeben und einzeln mit den Quirlen des Handrührgeräts unter den noch heißen Brandteig rühren.

4 Den Teig in einen Spritzbeutel mit großer Sterntülle füllen und 12 Häufchen (à etwa 6 cm Durchmesser) auf das Backblech spritzen, dabei zwischen den Häufchen 5 bis 6 cm Abstand lassen. Die Windbeutel im Ofen auf der untersten Schiene 25 bis 30 Minuten goldbraun backen. Dabei eine Schale mit Wasser unten in den Ofen stellen oder den Backofenraum vor dem Backen mit Wasser einsprühen. Die Windbeutel aus dem Ofen nehmen und abkühlen lassen.

5 Von den Windbeuteln jeweils die obere Hälfte abschneiden. Die Kaffeecreme in einen Spritzbeutel füllen und damit die Windbeutel-unterseiten füllen. Die Windbeuteldeckel aufsetzen und alles 2 Stunden kühl stellen, damit sich die Creme stabilisieren kann. Zum Servieren mit Puderzucker bestäuben. Nach Belieben mit gemischten Früchten garnieren und mit Kardamom aus der Mühle bestreuen.

Mein Tipp

Die Masse für die Windbeutel sollte gut „abgebrannt" sein, das heißt, es muss sich am Topfboden sehr deutlich ein weißer Film bilden. Das ist das Zeichen dafür, dass die Teigmasse die Eier bindet und ein Teig entsteht, der sich gut verarbeiten lässt und beim Backen schön aufgeht.

PFIRSICH „ELBA"
MIT MANDELN UND VANILLESAUCE

Zutaten für 6 Personen

Für die Pfirsiche:

3 reife Pfirsiche
70 g gemahlene geschälte
Mandeln (Mandelmehl)
45 g feiner Zucker
1 Eiweiß · Salz
¼ TL geriebene Tonkabohne
1 EL Mandelblättchen
Saft von 1 Orange · 1 TL Honig
einige Lavendelblüten
1 Zacken Sternanis
3 Scheiben Ingwer
1 Streifen Orangenschale

Für die Vanillesauce:

350 ml Milch · 20 g Zucker
1 TL Vanillezucker · Salz
gemahlene Kurkuma
10 g Speisestärke · 1 Eigelb

1 Für die Pfirsiche den Backofen auf 180 °C vorheizen. Die Pfirsiche waschen, halbieren und entsteinen. Mithilfe eines Kugelausstechers die Vertiefung vom Pfirsichkern jeweils noch etwas vergrößern. Die Mandeln mit Zucker, Eiweiß, 1 Prise Salz und Tonkabohne einige Minuten zu einer kompakten Masse verrühren. Den Pfirsichhälften damit füllen und mit den Mandelblättchen bestreuen.

2 Den Orangensaft mit dem Honig, 1 Prise Lavendelblüten und den Gewürzen in eine Auflaufform geben. Die gefüllten Pfirsiche daraufsetzen und im Ofen auf der mittleren Schiene etwa 30 Minuten backen, bis die Mandelblättchen schön gebräunt sind. Aus dem Ofen nehmen und etwas abkühlen lassen.

3 Inzwischen für die Vanillesauce 300 ml Milch mit Zucker, Vanillezucker, je 1 Prise Salz und Kurkuma in einem Topf aufkochen. Die restliche Milch mit Speisestärke und Eigelb glatt rühren, mit einem Schneebesen in die kochende Milch rühren und etwas köcheln lassen, bis diese sämig bindet. Dann die Sauce in eine Schüssel füllen, direkt mit Frischhaltefolie bedecken (so entsteht keine Haut) und abkühlen lassen.

4 Zum Servieren die Vanillesauce in kleine tiefe Teller verteilen, je 1 gefüllten Pfirsich daraufsetzen und mit etwas Schmorsud aus der Auflaufform beträufeln. Nach Belieben die Pfirsiche mit Minze und Beeren garnieren. Dazu passt auch ein Erdbeer- oder Himbeersorbet.

Mein Tipp

Nur wenn die Pfirsiche ausreichend gereift sind, eignen sie sich zum Überbacken wie in diesem Rezept. Außerhalb der Saison können Sie auch auf Dosenpfirsiche zurückgreifen.

CROSTATA „PAPÀ PAVAROTTI" MIT ZWETSCHGEN

1 Für den Mürbeteig die Springform mit Butter einfetten, den Rand nur im unteren Drittel fetten. Die weiche Butter in einer Schüssel mit Puderzucker, Zitronenschale, Vanillemark und 1 Prise Salz mit den Knethacken des Handrührgeräts kneten oder mit einer Teigkarte zu einer glatten Masse verarbeiten.

2 Die Eigelbe nacheinander dazugeben, dabei die Masse nicht schaumig schlagen. Zuletzt das Mehl hinzufügen und alles nur so lange kneten, bis ein glatter Mürbeteig entstanden ist. Den Teig zu einem flachen Ziegel formen, in Frischhaltefolie wickeln und 2 Stunden kühl stellen.

3 Den Teig auf der bemehlten Arbeitsfläche nochmals kurz durchkneten und mit dem Nudelholz zu einem Kreis (etwa 30 cm Durchmesser) ausrollen. Die Teigplatte so in die Springform setzen, dass ein Rand von 1 ½ bis 2 cm Höhe entsteht. Den Boden mit Weißbrotbröseln bestreuen und bis zur weiteren Verwendung in den Kühlschrank stellen.

4 Den Backofen auf 180 °C vorheizen. Für den Belag die Zwetschgen waschen, halbieren und entsteinen. Die Zwetschgenhälften von außen nach innen dachziegelartig auf den Mürbeteigboden setzen. Anschließend mit Zimtzucker bestreuen.

5 Die Crostata im Ofen auf der mittleren Schiene etwa 40 Minuten goldbraun backen. Inzwischen die Ingwerkonfitüre in einem Topf mit 2 EL Wasser aufkochen und einige Minuten köcheln lassen, bis sie etwas eindickt. Die Crostata aus dem Ofen nehmen und noch warm mit der heißen Ingwerkonfitüre bestreichen. Dazu passt Vanillesahne.

Zutaten für 1 Springform (ca. 26 cm Durchmesser)

Für den Mürbeteig:
200 g weiche Butter
100 g Puderzucker
abgeriebene Schale von
½ unbehandelten Zitrone
ausgekratztes Mark von
½ Vanilleschote
Salz · 2 Eigelb
250 g Mehl

Für den Belag:
500 g Zwetschgen
1 EL Zimtzucker
1 Glas Ingwerkonfitüre
(ca. 150 g)

Außerdem:
Butter für die Form
Mehl für die Arbeitsfläche
2 EL Weißbrotbrösel

Mein Tipp

Am Anfang der Zwetschgensaison zerkochen die Zwetschgen relativ rasch beim Backen. Deshalb bestreue ich den Mürbeteigboden mit Weißbrotbröseln, die den austretenden Zwetschgensaft aufsaugen. Je später in der Saison die Zwetschgen geerntet werden, umso weniger Saft läuft beim Backen aus. Dann können Sie auf die Weißbrotbrösel eventuell verzichten. In jedem Fall benötigen Zwetschgen immer auch etwas zusätzliche Süße. Ich bestreue sie dazu mit etwas Zimtzucker und bestreiche sie mit Ingwerkonfitüre. Alternativ passt auch Aprikosenkonfitüre sehr gut.

„Gigolo"-Nockerl mit Trüffel und marinierten Beeren

Zutaten für 4 Portionsformen
(à ca. 130 ml)

Für die marinierten Beeren:

300 g gemischte Beeren
(z. B. Erd-, Him-, Brom-,
Heidel- und Johannisbeeren)
1 gestr. EL Puderzucker
1 Spritzer Zitronensaft
1 TL Orangenlikör
(z. B. Grand Marnier)

Für die Nockerl:

3 Eiweiß · 50 g Zucker
Salz · 30 g Mehl
1 EL zerbröselte Amaretti
2 Eigelb · 4 Himbeertrüffeln

Außerdem:

Butter für die Förmchen
Puderzucker zum Bestäuben

1 Für die marinierten Beeren die Erdbeeren putzen, waschen und je nach Größe halbieren oder vierteln. Die restlichen Beeren verlesen, waschen und trocken tupfen, die Johannisbeeren mit einer Gabel von den Rispen streifen. Alle Beeren in eine Schüssel geben und mit Puderzucker, Zitronensaft und Orangenlikör marinieren. Bis zur weiteren Verwendung durchziehen lassen.

2 Für die Nockerl den Backofen auf 200 °C vorheizen. Die Förmchen mit Butter einfetten. Die Eiweiße mit 25 g Zucker und 1 Prise Salz schaumig aufschlagen. Den übrigen Zucker unter weiterem Schlagen nach und nach dazugeben, bis ein fester, cremiger Eischnee entstanden ist. Dann das gesiebte Mehl vorsichtig unterheben, zuletzt die Amaretti-Brösel und die Eigelbe untermischen.

3 Je etwa 2 EL Nockerlmasse in ein Förmchen füllen, 1 Trüffel daraufsetzen und die restliche Nockerlmasse darauf verteilen, dabei mit einer Teigkarte in der Mitte etwas hochziehen. Die Nockerl im Ofen auf der mittleren Schiene 7 bis 8 Minuten backen; sie sollten in der Mitte noch cremig sein.

4 Zum Servieren die Nockerl aus dem Ofen nehmen, mit Puderzucker bestäuben und sofort servieren. Die marinierten Beeren in Schälchen füllen und zu den „Gigolo"-Nockerln reichen.

Süße Nockerl – nicht nur für Gigolos

Gleich nach der Lieblingsbeschäftigung der Italiener, dem „Dolcefarniente", also dem süßen Nichtstun, kommt das „Dolce Vita", das süße Leben. Oder war es andersherum? Wenn der Bayer an was Süßes denkt, dann an Nockerl. Wenn ein Nockerl nicht schmeckt, dann ist das eine fade Nockn. Was man übrigens auch ein wenig abfällig über eine Frau sagt, die jetzt nicht gerade Esprit versprüht. Was sich aber schnell ändern kann, wenn sie auf einen echten Gigolo trifft. Und schon haben wir sie beieinander, die bayerischen Nockerl und die italienischen Gigolos. Bayerisch, aber al dente sind meine „Gigolo"-Nockerl, die ich einem Berufsstand gewidmet habe, der schon fast ausgestorben ist. Fast, denn die charmanten Eintänzer gibt es noch auf Kreuzfahrtschiffen; für die dortigen Gigolos ist aber heutzutage – Nockerl hin, Nockerl her – an der Kabinentür Schluss.

KAISERSCHMARREN „JULIUS CÄSAR" MIT PFIRSICH UND GRANATAPFEL

Zutaten für 4 Personen

Für den Kaiserschmarren:

20 Safranfäden
120 g Mehl
225 ml Milch · 4 Eigelb
1 EL brauner Rum
je 1 TL abgeriebene unbehandelte Zitronen- und Orangenschale
40 g flüssige braune Butter (siehe Tipp S. 46)
4 Eiweiß · Salz · 60 g Zucker
40 g kalte Butter
2–3 EL Rumrosinen (siehe Tipp)

Außerdem:

2 reife Pfirsiche oder Nektarinen (ersatzweise 4 Pfirsichhälften aus der Dose)
1 EL kalte Butter
1 EL Puderzucker
Saft von ½ Orange
1 Stück Zimtrinde
2 EL geröstete Mandelblättchen
2 EL Pistazienkerne
2 EL Granatapfelkerne

1 Für den Kaiserschmarren die Safranfäden mit 2 EL warmem Wasser verrühren und 5 bis 10 Minuten ziehen lassen. Das Mehl mit der Milch glatt rühren und das Safranwasser unterrühren. Die Eigelbe mit Rum, Zitronen- und Orangenschale und brauner Butter ebenfalls unterrühren. Die Eiweiße mit 1 Prise Salz cremig schlagen, nach und nach die Hälfte des Zuckers einrieseln lassen und alles zu einem festen Schnee weiterschlagen. Den Eischnee unter die Eigelbmasse heben.

2 Den Backofengrill vorheizen. In zwei kleinen ofenfesten beschichteten Pfannen (à 24 bis 26 cm Durchmesser) je 1 TL kalte Butter bei milder Hitze zerlassen und je ½ TL Zucker einstreuen. Den Teig je zur Hälfte in die Pfannen geben und die Unterseite etwa 2 Minuten hell bräunen. Dann die abgetropften Rumrosinen daraufgeben, dabei darauf achten, dass sie mit Teig bedeckt sind.

3 Die Kaiserschmarren nacheinander unter dem Backofengrill auf der untersten Schiene 4 bis 5 Minuten goldbraun backen. Herausnehmen, stürzen und mit zwei Gabeln in mundgerechte Stücke zerteilen, wieder in die Pfannen geben und diese auf den Herd stellen. Die restliche kalte Butter mit dem restlichen Zucker hinzufügen und den Kaiserschmarren in den Pfannen unter Rühren bei mittlerer Hitze leicht karamellisieren.

4 Die Pfirsiche oder Nektarinen waschen, halbieren, entsteinen und die Hälften in jeweils 5 bis 6 Spalten schneiden. Die kalte Butter in einer Pfanne zerlassen und den Puderzucker darüberstäuben. Die Pfirsichspalten darin anbraten, mit Orangensaft ablöschen und den Sud etwas einköcheln lassen. Zuletzt etwas Zimt darüberreiben.

5 Zum Servieren den Kaiserschmarren auf vorgewärmten Tellern anrichten und die Pfirsichspalten dazwischensetzen. Mandelblättchen, Pistazien und Granatapfelkerne darüberstreuen.

Mein Tipp

Für selbst gemachte Rumrosinen ½ TL schwarze Teeblätter in eine kleine Tasse geben, mit 100 ml kochendem Wasser aufgießen und 5 Minuten ziehen lassen. Den Tee noch heiß durch ein Sieb in eine Schüssel gießen und 3 EL Rum hinzufügen. Dann 50 g Rosinen darin mindestens 2 Stunden ziehen lassen. Rumrosinen vor der Verwendung abtropfen lassen. Eingelegt und in einem Schraubglas aufbewahrt, halten sich die Rumrosinen bei Zimmertemperatur mehrere Monate.

PFANNKUCHEN „KOLOSSEUM" MIT FLAMBIERTEN FRÜCHTEN

1 Für das Gewürz die Fenchelsamen in einer beschichteten Pfanne ohne Fett bei milder Hitze erwärmen, etwas Puderzucker darüberstäuben und unter Rühren schmelzen lassen. Noch zwei- bis dreimal Puderzucker daraufstäuben und jedes Mal schmelzen lassen. Herausnehmen, abkühlen lassen und im Mörser fein mahlen. (Zum Aufbewahren in ein gut schließbares Gefäß geben, damit das Gewürz trocken bleibt.)

2 Für die Pfannkuchen die Eier mit Milch, Mehl, Zucker, 1 Prise Salz, Orangenschale und Butter in einer Rührschüssel zu einem glatten Teig verrühren. Den Teig durch ein feines Sieb gießen und bei Zimmertemperatur etwa 30 Minuten quellen lassen. Dann aus dem Teig mit etwas Butter in einer kleinen Pfanne (etwa 20 cm Durchmesser) 12 dünne Pfannkuchen backen. Herausnehmen und abkühlen lassen. Aus jedem Pfannkuchen mit einem runden Ausstecher einen Kreis (etwa 13 cm Durchmesser) ausstechen.

3 Den Backofen auf 170 °C vorheizen. Für die Füllung die Stärke mit Zucker, Vanillezucker und 1 Prise Salz in einer Schüssel mischen und mit Schmand, Quark, Ei und Eigelb zu einer glatten Masse verrühren. Zuletzt die Orangenschale unterrühren.

4 Die Himbeeren verlesen, waschen und trocken tupfen. Je 1 Pfannkuchen so in eine Mulde eines Muffinblechs setzen, dass ein kleiner Rand von etwa ½ cm übersteht. Die Quarkmasse gleichmäßig darin verteilen und mit den Himbeeren bestreuen. Im Ofen auf der mittleren Schiene 20 bis 25 Minuten backen. Aus dem Ofen nehmen, 5 Minuten abkühlen lassen und vorsichtig aus den Formen lösen.

5 Inzwischen die Früchte putzen, waschen, in 1 bis 2 cm große Stücke schneiden und mit Zitronensaft, Puderzucker und etwas Orangenlikör marinieren. Die Pfannkuchen auf vorgewärmte Dessertteller setzen, mit Puderzucker bestäuben und mit den Früchten garnieren. Zuletzt mit dem karamellisierten Fenchel bestreuen und mit Minze garnieren.

Mein Tipp

Wenn Sie eine kleine Pfanne von 13 bis 14 cm Durchmesser besitzen, können Sie die Pfannkuchen auch direkt darin ausbacken. Sie müssen dann anschließend nicht ausgestochen werden. In diesem Fall verringert sich die Menge für den Teig jeweils um ein Drittel. Wer es noch üppiger italienisch mag, nimmt statt Quark Mascarpone.

Zutaten für 12 Stück

Für das Fenchelgewürz:

1 EL Fenchelsamen
1 EL Puderzucker

Für die Pfannkuchen:

3 Eier · 300 ml Milch
100 g Mehl
1 EL Zucker · Salz
½ TL abgeriebene unbehandelte Orangenschale
50 g flüssige Butter
Butter zum Braten

Für die Füllung:

20 g Speisestärke
75 g Zucker
1 TL Vanillezucker · Salz
400 g Schmand
150 g Quark
1 Ei · 1 Eigelb
½ TL abgeriebene unbehandelte Orangenschale

Außerdem:

200 g Himbeeren
Muffinblech
gemischte Früchte (z. B. Melone, Pflaume, Nektarine, Trauben, Orange)
1 Spritzer Zitronensaft
1 TL Puderzucker
1 TL Orangenlikör (z. B. Grand Marnier)
Puderzucker zum Bestäuben
einige Minzespitzen zum Garnieren

BAYERISCH-CREME-TÖRTCHEN „CAPRI"

Zutaten für 7–8 Anrichteringe
(à ca. 8 cm Durchmesser)
oder 1 Springform
(ca. 26 cm Durchmesser)

Für die kandierten Zitronen:
1 unbehandelte Zitrone
150 g Zucker

Für die Zitronencreme:
1 Blatt Gelatine · 75 ml Zitronensaft · 50 ml Orangensaft
100 g Zucker
2 Eier · 50 g Butter

Für die Bayerisch Creme:
2 Blatt Gelatine · 300 g Sahne
3 Eigelb · 50 g Puderzucker
abgeriebene Schale von
½ unbehandelten Zitrone
2 EL Limoncello
(ital. Zitronenlikör)

Außerdem:
150 g Löffelbiskuits
80 g weiche Butter
Erdbeeren oder Johannisbeer-
Träubchen und einige
Melissenspitzen zum Garnieren

1 Für die kandierten Zitronen den Backofen auf 60 °C vorheizen. Ein Backblech mit einer Silikonbackmatte belegen. Die Zitrone waschen, abtrocknen und in 1 ½ bis 2 cm dicke Scheiben schneiden. 150 ml Wasser und Zucker aufkochen, Zitrone dazugeben und etwa 5 Minuten leicht glasig köcheln lassen. Vorsichtig herausnehmen, abtropfen lassen und nebeneinander auf die Backmatte legen. Im Ofen auf der mittleren Schiene etwa 1 Stunde trocknen, die Scheiben sollen dann noch weich und saftig sein. (In einer Dose mit Backpapier aufbewahren.)

2 Für die Böden die Löffelbiskuits in einen Gefrierbeutel füllen und mit dem Nudelholz zu feinen Bröseln zerstoßen. Mit der weichen Butter mischen. Die Anrichteringe auf ein mit Backpapier belegtes Tablett setzen, die Bröselmasse darin verteilen und festdrücken. Kühl stellen.

3 Für die Zitronencreme Gelatine in kaltem Wasser einweichen. Zitronen- und Orangensaft, Zucker und Eier verrühren und unter Rühren aufkochen. Vom Herd nehmen, ausgedrückte Gelatine hineinrühren und auflösen. Creme in eine Schüssel umfüllen und handwarm (36 °C) abkühlen lassen. Butter mit dem Stabmixer unterrühren, Creme auf den Böden verteilen und etwa 30 Minuten kühl stellen.

4 Für die Bayerisch Creme Gelatine in kaltem Wasser einweichen. Die Sahne halb steif schlagen. Eigelbe und Puderzucker schaumig schlagen und die Zitronenschale unterrühren. Den Limoncello erhitzen, die ausgedrückte Gelatine darin auflösen und unter die Eigelbmasse rühren. Die Sahne unterheben und die Creme in die Förmchen auf die Zitronencreme füllen. Das Tablett etwas auf die Arbeitsfläche klopfen, sodass eine möglichst glatte Oberfläche entsteht. Die Törtchen zugedeckt im Kühlschrank mindestens 1 Stunde durchziehen lassen. Zum Servieren mit einem kleinen Messer am Ring entlang schneiden und die Ringe abziehen. Mit Zitronenscheiben, Beeren und Melisse garnieren.

Das Capri-Dessert geht gut (r)unter

„Wenn bei Capri die rote Sonne im Meer versinkt…" Das Lied vom Rudi Schuricke kennen Sie auch … „Bella, bella, bella Marie, bleib mir treu, ich komm zurück morgen früh." Das haben die Capri-Fischer, gesungen, wenn sie aufs Meer gefahren sind, zumindest in der deutschen Schlagerfantasie. Angst um ihre Schönen hätten sie dabei gar nicht haben müssen, wenn sie meine Bayerisch-Creme-Törtchen damals gekannt hätten. Da bleibt eine jede treu, zumindest so lange, bis sie das Rezept erfahren hat. Limoncello trifft Bayerisch Creme – ein Dolce, das in Bayern daheim ist und in Italien zu Hause.

SCHEITERHAUFEN „INFERNO" MIT FEIGEN UND CHILI

Zutaten für 1 Auflaufform (ca. 1 ½ l Inhalt)

Für die Eiermilch:
¼ l Milch
250 g Sahne
Lebkuchengewürz
5 Eier · 2 Eigelb
60 g Zucker · 1 Prise Salz

Außerdem:
300 g Hefezopf oder Brioche
3 säuerliche Äpfel
je 100 g getrocknete Feigen
und Datteln
90 g Zucker · 1 EL Butter
½ TL abgeriebene unbehandelte
Zitronenschale
40 g Rumrosinen (siehe S. 110)
2 EL gehackte Walnüsse
¼ TL milde Chiliflocken
2 Eiweiß · Salz
Puderzucker zum Bestäuben
2 frische Feigen (in Spalten
geschnitten)
einige Minzespitzen zum
Garnieren

1 Für die Eiermilch alle Zutaten in einen hohen Rührbecher geben und mit dem Stabmixer fein pürieren.

2 Den Backofen auf 190 °C vorheizen. Hefezopf oder Brioche in 1 cm große Würfel schneiden. Die Äpfel schälen, vierteln und die Kerngehäuse entfernen. Dann die Viertel in ½ cm große Würfel schneiden. Die Feigen und Datteln ebenfalls in ½ cm große Würfel schneiden.

3 In eine Pfanne 2 EL Zucker streuen und leicht karamellisieren. Apfelwürfel, Butter und Zitronenschale dazugeben und leicht andünsten. Vom Herd nehmen und mit Rumrosinen, Walnüssen, Feigen, Datteln und Chiliflocken mischen.

4 Die Hefezopf- oder Briochewürfel mit der Apfelmischung abwechselnd in die Auflaufform schichten. Dabei mit den Zopfwürfeln beginnen und abschließen, zwischendurch immer wieder mit etwas Eiermilch auffüllen. Die Form auf ein Backblech setzen und den Scheiterhaufen im Ofen auf der mittleren Schiene etwa 45 Minuten backen.

5 Inzwischen die Eiweiße mit dem übrigen Zucker und 1 Prise Salz zu cremigem Eischnee aufschlagen. Die Form aus dem Ofen nehmen, jeweils kleine Häufchen Eischnee darauf verteilen (nach Belieben mit einem Spritzbeutel mit Sterntülle nebeneinander als Tupfen aufspritzen). Alles im Ofen noch etwa 5 Minuten backen, bis sich der Eischnee an den Spitzen goldbraun verfärbt.

6 Den Scheiterhaufen aus dem Backofen nehmen, mit Puderzucker bestäuben und auf Dessertteller verteilen. Die frischen Feigenspalten dazwischensetzen und mit Minzespitzen garnieren.

Mein Tipp

Der Scheiterhaufen lässt sich bereits am Vortag vorbereiten. Dazu den Scheiterhaufen so weit zubereiten und vorbacken, bis der Eischnee dazukommen würde (einschließlich Step 4). Dann abkühlen lassen und zugedeckt in den Kühlschrank stellen. Etwa 1 Stunde vor dem Servieren den Backofen wieder auf 190 °C vorheizen. Den Scheiterhaufen wie beschrieben mit dem Eischnee garnieren und im Ofen fertig backen. Da er bereits vollständig abgekühlt war, verlängert sich die Backzeit dann um etwa 10 Minuten, bevor der Eischnee daraufgesetzt wird.

Rohrnudeln „Stromboli" mit Pfefferkirschen

1 Für die Rohrnudeln die Hefe zerbröckeln und in der Milch auflösen. Die Hefemilch mit Mehl, Zucker, Eigelben, Likör, Rum, 1 Prise Salz, Tonkabohne, Vanillemark und Zitronenschale mit den Knethaken des Handrührgeräts kurz verkneten.

2 Dann die weiche Butter hinzufügen und alles noch wenige Minuten weiterkneten, bis ein geschmeidiger Teig entstanden ist. Den Teig zugedeckt an einem warmen Ort etwa 30 Minuten gehen lassen.

3 Anschließend den Hefeteig nochmals kurz durchkneten und weitere 20 bis 30 Minuten gehen lassen. Den Backofen auf 180 °C vorheizen. Einen Bräter oder eine große Auflaufform mit reichlich flüssiger Butter einfetten.

4 Den Hefeteig mit den Händen auf der bemehlten Arbeitsfläche nochmals kurz durchkneten, in walnussgroße Stücke teilen und jedes Stück zu einer kleinen Kugel formen. Die Kugeln nebeneinander in Bräter oder Form setzen und mit flüssiger Butter bestreichen. Zugedeckt nochmals 15 Minuten gehen lassen.

5 Rohrnudeln im Ofen auf der mittleren Schiene 35 Minuten goldbraun backen. Dabei eine Schale mit Wasser unten in den Ofen stellen oder den Backofenraum vor dem Backen mit Wasser einsprühen. Rohrnudeln herausnehmen, abkühlen lassen und noch warm auseinanderbrechen.

6 Inzwischen für die Pfefferkirschen den Puderzucker in einen Topf stäuben und bei milder Hitze hell karamellisieren. Mit Rotwein und Portwein ablöschen und 2 bis 3 Minuten auf die Hälfte einkochen lassen. Den Kirschsaft mit Zucker und Gewürzen zum Weinansatz geben und alles einmal aufkochen.

7 Die Speisestärke mit wenig kaltem Wasser glatt rühren, in die Sauce geben und noch 2 Minuten köcheln, bis diese sämig bindet. Die Sauce durch ein Sieb gießen und die Kirschen hinzufügen. Erneut aufkochen, vom Herd ziehen und abkühlen lassen.

8 Zum Servieren die warmen Rohrnudeln auf Teller setzen, mit Puderzucker bestäuben und die Pfefferkirschen daneben anrichten. Nach Belieben mit Minze garnieren.

Zutaten für 6 Personen

Für die Rohrnudeln:
1 Würfel Hefe (42 g)
¼ l lauwarme Milch
600 g Mehl · 100 g Zucker
4 Eigelb · 1 EL Mandellikör
(z. B. Amaretto)
1 EL Rum · Salz
je 1 Msp. geriebene Tonkabohne, Vanillemark und abgeriebene unbehandelte Zitronenschale
100 g weiche Butter
60–80 g flüssige Butter zum Bestreichen
Mehl für die Arbeitsfläche
Puderzucker zum Bestäuben

Für die Pfefferkirschen:
1 TL Puderzucker
¼ l Rotwein · 70 ml Portwein
400 g abgetropfte Sauerkirschen (aus dem Glas; mit ¼ l Kirschsaft; ggf. mit Rotwein auffüllen) · 3 EL Zucker
1 TL 6er-Pfeffermischung aus der Mühle (je 1 Prise schwarze und grüne Pfefferkörner, Kubeben- und Sichuan-Pfefferkörner, Pimentkörner und rosa Pfefferbeeren)
1 Msp. Zimtpulver
½ aufgeschlitzte Vanilleschote
1 Msp. abgeriebene unbehandelte Orangenschale
½ TL fein geriebener Ingwer
1 schwach geh. TL Speisestärke

AUSZOGNE „CASANOVA" MIT ERDBEEREN

Zutaten für 8 Stück

Für die Auszognen:
130 g Mehl
7 g Hefe (ca. ⅙ Würfel)
40 ml lauwarme Milch
1 EL Zucker
1 Ei · 1 Eigelb
je 1 Msp. Vanillemark, gemahlene Macis (Muskatblüte) und abgeriebene unbehandelte Zitronenschale
Salz · 20 g weiche Butter

Für die Erdbeeren:
je ½ TL Kardamomsamen und Zimtsplitter für die Gewürzmühle
600 g Erdbeeren
30 g Puderzucker
1 Spritzer Zitronensaft
1 Msp. abgeriebene unbehandelte Zitronenschale

Außerdem:
Mehl zum Verarbeiten
Fett oder Erdnussöl zum Frittieren
Puderzucker zum Bestäuben
einige Minzespitzen zum Garnieren

1 Für die Auszognen das Mehl in eine große Schüssel sieben und in die Mitte eine Mulde drücken. Die Hefe mit den Fingern zerbröckeln und in der lauwarmen Milch auflösen. Die Hefemilch in die Mulde geben und mit etwa 40 g Mehl mischen. Zugedeckt an einem warmen Ort 20 Minuten gehen lassen.

2 Den Vorteig mit dem restlichen Mehl, Zucker, Ei, Eigelb, Vanillemark, Macis, Zitronenschale und 1 Prise Salz kurz verkneten. Dann die weiche Butter hinzufügen und alles noch 5 bis 10 Minuten kneten, bis ein glatter Teig entstanden ist, der sich vom Schüsselrand löst. Zugedeckt bei Zimmertemperatur 30 bis 40 Minuten gehen lassen.

3 Aus dem Teig mit leicht bemehlten Händen 8 gleich große, glatte Kugeln formen. Auf ein bemehltes Küchentuch setzen, mit einem zweiten Küchentuch bedecken und an einem warmen Ort 10 bis 15 Minuten gehen lassen, bis sich das Volumen verdoppelt hat. Dann Teigkugeln mit leicht bemehlten Händen vorsichtig so ausziehen, dass ein flacher Fladen mit breitem, dickem Rand und dünnem Mittelteil entsteht. Die Auszognen mit etwas Abstand auf das bemehlte Küchentuch setzen und zugedeckt nochmals 5 bis 10 Minuten gehen lassen.

4 Das Fett oder Öl in einem großen, flachen Topf oder der Fritteuse auf 160 °C erhitzen. Die Auszognen vorsichtig aufnehmen, in das Fett oder Öl geben und auf beiden Seiten goldbraun backen. Mit dem Schaumlöffel herausheben und auf Küchenpapier abtropfen lassen. Zum Servieren mit Puderzucker bestäuben.

5 Für die Erdbeeren den Kardamom und Zimt in eine Gewürzmühle füllen. Die Erdbeeren waschen, putzen, vierteln und mit dem Puderzucker vorsichtig mischen. Zitronensaft und -schale dazugeben und mit der Mischung aus der Gewürzmühle würzen.

6 Zum Servieren die Auszognen noch warm auf vorgewärmte Dessertteller setzen, die Erdbeeren in die Mulde füllen und mit Puderzucker bestäuben. Mit Minze garnieren.

Mein Tipp

Die Auszognen lassen sich ausgezeichnet im Voraus backen. Kurz vor dem Servieren können Sie sie nach Belieben dann noch im vorgeheizten Backofen bei 100 °C etwa 5 Minuten aufwärmen.

Der Verlag und das Team rund um Alfons Schuhbeck danken der Firma ASA Selection für die freundliche Unterstützung der Fotoproduktion.

Willkommen bei Alfons Schuhbeck!

Alfons Schuhbecks Sternerestaurant „In den Südtiroler Stuben" liegt am historischen Platzl, im Herzen von München. Hier finden Sie auch seine Kochschule, sein Restaurant „Orlando" mit der „Orlando Bar", seinen „Schuhbeck To Go", seinen Eissalon sowie seinen Tee-, Gewürz- und Schokoladenladen. Seine Produkte können Sie bequem im Onlineshop bestellen. Weitere Informationen erhalten Sie im Internet, telefonisch oder persönlich am Platzl.

Schuhbecks
Am Platzl 2
80331 München
Tel.: 089/21 66 90 -110

www.schuhbeck.de
www.schuhbeck-gewuerze.de

WEGWEISER ZU DEN SENDUNGEN 2015/2016